轨道交通特色经济管理论丛

薪酬契约对高管交易的效应研究

——基于民营上市公司的经验证据

许婴鹏　郭雪萌　著

北京交通大学出版社

·北京·

内 容 简 介

　　高管交易近年来频频见诸各类媒体，牵动着亿万股民的心。高管掌握着公司的内部核心信息，相对于外部投资者具有明显的信息优势，其利用内部信息交易的行为往往能够获得巨额利润，但其交易行为也受到公司内外部力量的监督，承担着巨大的合规风险和法律风险。本书从传统的薪酬激励理论出发，探寻高管交易背后的深层动机，利用我国民营上市公司的数据实证检验了薪酬契约对高管的激励作用，并深入讨论了法律法规、公司内控水平、区域市场化程度、分析师关注度等内外部环境因素对于薪酬激励作用的影响，研究结论可为相关领域的研究者提供参考。

图书在版编目（CIP）数据

　　薪酬契约对高管交易的效应研究：基于民营上市公司的经验证据／许婴鹏，郭雪萌著．— 北京：北京交通大学出版社，2021.7

　　ISBN 978 - 7 - 5121 - 4445 - 3

　　Ⅰ. ① 薪… Ⅱ. ① 许… ② 郭… Ⅲ. ① 民营企业 - 上市公司 - 管理人员 - 劳动报酬 - 研究 - 中国 Ⅳ. ① F279. 245

　　中国版本图书馆 CIP 数据核字（2021）第 068945 号

薪酬契约对高管交易的效应研究——基于民营上市公司的经验证据
XINCHOU QIYUE DUI GAOGUAN JIAOYI DE XIAOYING YANJIU——JIYU MINYING
　　SHANGSHI GONGSI DE JINGYAN ZHENGJU

责任编辑：张利军

出版发行：北京交通大学出版社　　　　　电话：010 - 51686414
地　　址：北京市海淀区高梁桥斜街 44 号　邮编：100044
印 刷 者：北京鑫海金澳胶印有限公司
经　　销：全国新华书店
开　　本：165 mm × 237 mm　　印张：15. 5　　字数：195 千字
版 印 次：2021 年 7 月第 1 版　　2021 年 7 月第 1 次印刷
定　　价：59. 00 元

本书如有质量问题，请向北京交通大学出版社质监组反映。
投诉电话：010 - 51686043，51686008；E-mail：press@ bjtu. edu. cn。

丛书编委会

顾　问　施仲衡　宋敏华　仲建华　肖　序　韩宝明
　　　　徐勇烈
主　任　郭雪萌
副主任　李红昌　门　璐　谷增军　王　丹　张　瑶
成员（按姓氏拼音顺序）
　　　　卜　伟　陈炳尧　冯钰婷　谷增军　郭雪萌
　　　　郝璐璐　胡　煜　李红昌　刘　畅　刘剑文
　　　　门　璐　孟　为　秦宇飞　王　丹　王家康
　　　　王卓君　魏泊芦　许婴鹏　杨　蓉　张　侃
　　　　张启明　张　瑶　郑　雷

丛书总序

    中国正在建设世界上规模最大的高速铁路、城际铁路、市域铁路和城市轨道交通网络系统，这必将给中国的城市化发展带来深远影响，对提升中国的城市竞争力及经济社会发展水平有着十分重要的理论和现实意义。随着轨道交通的快速发展，一方面，出现了城市如何适应城市轨道交通发展、实现"建地铁就是建城市"的战略构想；另一方面，轨道交通的规划、投资、建设、运营、经营、装备制造、技术等问题也随之涌现。在城市日益成为中国经济社会发展动力源泉的时代背景下，只有进行轨道交通的"全域创新"，从制度、机制、体制、投融资、技术等方面全面推进轨道交通领域的创新，切实解决好轨道交通领域面临的各种现实困难与问题，才能促进轨道交通领域运营效率的提升和经营绩效的提高，才能更好地助力国家和城市发展战略规划的落地，从而才能更好地实现中国经济社会的发展和"中国梦"的实现。

    从广义上来看，轨道交通是包括城市轨道交通（地铁、轻轨、跨座式单轨、磁悬浮等不同技术制式）、市域铁路、城际铁路和高速铁路在内的集合体。随着城市功能逐渐由城市中心和多中心向周边城市及省区的发展，轨道交通也逐渐承载了发展戈特曼意义上的城市群和城市带的重要职能。目前，中国城市和城市群的发展已经到了跨越行政区边界的阶段，城市经济、社会、文化、科技的发展，一方面，需要与城市内部组团之间形成相互支

I

撑关系，以形成城市专业化和多样化的集聚经济；另一方面，更需要与区域经济及毗邻城市乃至国家和国际范畴内的都市圈形成紧密的一体化关系，以充分发挥区域间的分工协作优势和更大范围内的市场潜力作用。

在这一不可逆转的城市化发展历史进程中，大量的资金、技术、人才、土地等稀缺资源快速向核心城市和卫星城市集中，并产生了对交通尤其是各种制式轨道交通的旺盛需求。纵观国内外发展较好的大都市区或城市群，大多形成了建立在轨道交通上的发展模式，有些国家和地区甚至提出了"快轨车站城市"的规划理念并付诸实践。轨道交通已经成为降低城市出行成本、提高城市运转效率、保护生态环境、建设宜居城市的必要条件。可以说，轨道交通已经成为城市和城市群发展的奠基石，已经成为政府和市场交融创新的实验田，已经成为现代技术应用的绝佳场域，已经成为宏观经济政策、产业政策和微观管理政策变革的载体，已经成为经济管理理论和方法创新的宝库，已经成为理念、理论、实践、政策互动发展的平台。

中国已经发展到工业化、城镇化、运输化的中后期阶段，城市已经成为国家经济社会发展的重要增长极和动力源。其中，中国的轨道交通取得了举世瞩目的成就和发展。中国的高速铁路总营业里程已经跃居世界第一，"和谐号""复兴号"高速动车组具有全部自主知识产权，成为引领中国经济和科技进步的重要抓手；中国城市铁路的发展方兴未艾，珠三角经济圈、长三角经济圈、京津冀经济圈等数十个国家级城市圈陆续形成，城际轨道交通发展规划不断形成和得到审批；中国的城市轨道交通建设和规划里程成为全世界关注的重大工程，不仅为装备制造、物联网、互联网＋、智慧交通、以公共交通为导向的开发（transit-oriented development，TOD）等提供了坚实的运输资源支撑，而且也为新型技术制式和管理模式的探索与创新提供了独一无二的舞台。

中国轨道交通实践的快速发展进程亟须对相应的轨道交通特色经济管理理论和方法进行总结、概括、提炼、提升与创新。"轨道交通特色经济管理理论丛"写作和出版的构想就是在这一特殊的中国城市化发展进程中提出的。它的理论脉络可以追溯到亚当·斯密、马歇尔、杜彼特等时代，不仅可以在古典经济学、新古典经济学、现代经济学及相应的管理理论上得到体现，也可以在现代轨道交通的投融资理论、外部性理论、TOD 理论、人力资本理论、价值捕获理论、网络形态理论、管制理论、时空经济理论、PPP（public private partnership，公共私营合作制）理论、资源流－价值流理论等中得到全面展示。基于城市化发展的中国轨道交通发展所呈现出来的理论机遇、方法机遇、案例机遇，都是世界范围内前所未有的，都是激动人心的，都是值得深入挖掘的。这就是"轨道交通特色经济管理理论丛"的写作动机和初衷所在。

在理论机遇方面，轨道交通不仅是现代经济管理理论应用的对象，更是对传统经济管理理论进行创新的源泉。首先，轨道交通提供的是无形的位移运输产品，其产品具有不可储存性，其生产和消费过程具有同一性，从而导致轨道交通调度指挥、通信信号、电力供应、人员配套等必须按照高度"自律系统"的要求进行资源配置，单纯的市场经济交易原则已经不能适应轨道交通发展的需要。其次，轨道交通服务的对象包括旅客、货主、城市居民及城市功能、区域经济和国民经济的发展，很少有企业像城市轨道交通那样，在制定发展战略时，需要综合考虑内外部各种因素，既要服务于轨道交通自身的可持续发展，又要充分发挥其对城市和区域经济乃至国民经济的支撑和拉动作用，这就是"建地铁就是建城市""建地铁就是提升城市价值""建地铁是百年工程"等判断的理论依据。再次，城市轨道交通涉及但不限于规划、设计、投融资、建设、运营、经营等多个环节，涉及多个利益相关者，可以采取多种多样的 PPP 模式。在这一过程中，如何实现"多规合一"，如何实现票务资源和非票务资源的协同开发，如何实现政府与市场的有机互动，如何实现轨道、产业、城市的循环互动，如何打造地铁特色的文化形态等，都具有十分重大的理论意义。最后，城市轨道交通一方面会涉及投融资理论、技术经济理论、财务会计理论、管理理论、经济学理论等，另一方面也会形成独特的轨道交通元素流－业务流－价值流理论、成本核算理论、"土地＋轨道"综合开发理论、政治关联理论、政策创新理论等，不一而足。

在方法机遇方面，轨道交通领域是很多现代经济管理方法甚至是技术方法的实验"靶场"。由于轨道交通的发展，使得网络协同技术、联调联试技术、CBTC（communication-based train control system，基于通信的列车自动控制系统）技术、能量回馈技术、云轨技术、物联网技术、智慧交通技术、综合交通技术、通信信号技术、工务维修技术、车辆运营编组技术、现代装备制造技术、综合运营管理技术、云计算技术等，都有了很好的实践和应用场所。回顾过去轨道交通发展的历史，我国已经形成了自成体系的城市轨道交通工业体系，以及相应的工程技术、管理技术、经济技术等。此外，由于中国庞大的轨道交通发展体量和市场规模，已经开始孕育出方方面面的方法和机遇，为政策制定者、城市管理者、科技工作者、工程建设者、文化创作者等进行"全域创新"提供了难得的际遇。

在案例机遇方面，中国城市众多，地域复杂，文化多样，条件各异，在轨道交通理念、理论、模式、方法、实践、政策等各个方面精彩纷呈，各有千秋。目前，北京采取了投资、建设、运营"三分开"体制，上海、广州、深圳采取了集团公司模式，徐州1、2、3号线采取了PPP模式，高铁新城、城际星城、地铁小镇、上盖物业、地下商城等案例更是层出不穷。在技术上，如何实现运营成本的降低；在财务上，如何防止轨道交通出现债务风险，实现可持续发展；在经济上，如何实现外部效益最大化，促进城市竞争力的提升；在政策上，如何创新规划、土地、工商、税收、人力资源、户籍、科技等政策，发挥制度创新优势等，均有相应的轨道交通发展案例作为经验支撑。

北京交通大学经济管理学科起源于清政府时期设立的铁路管理传习所，这是中国最早的以轨道交通为特色的商科院校。北京交通大学经济管理学科近年来在高速铁路、城际铁路、市域铁路、城市轨道交通领域的经济管理研究过程中取得了国内外同行广泛关注的优秀成果。按照"传承历史传统，承载现代使命，发展轨道交通，改善社会福祉"的原则，我们将陆续出版"轨道交通特色经济管理论丛"，旨在鼓励包括北京交通大学在内的国内外研究学者把理论和实践成果以著述的形式留存下来，不仅展示轨道交通领域经济管理研究的成果，更希望能够与国际上先进的轨道交通经济管理理论和方法有机地结合起来，促进我国轨道交通经济管理理论和方法的不断发展。

"轨道交通特色经济管理论丛"的作者包括国内外轨道交通行业的专家、学者、从业人员、在校博士研究生和硕士研究生。我们希望本论丛成为聚集轨道交通经济管理发展智慧、促进"知行合一"的知识传播媒体。我们特别感谢北京交通大学经济管理学院、基础产业研究中心和北京交通发展研究基地提供的良好的研究环境，感谢北京交通大学出版社的编辑们付出的辛勤劳动。由于相关管理人员、出版人员和行业专家的大力支持和帮助，本丛书终于能够付梓。本丛书的阅读对象是理论研究者、政策制定者、管理者及高校相关专业的师生。

2021 年 5 月
于北京交通大学

前　　言

　　薪酬契约是实现股东和高管间激励相容的重要机制，薪酬激励不足会加剧高管与股东间的委托代理冲突。2006 年《中华人民共和国公司法》解除高管交易禁令以来，高管利用私有信息的交易行为日益频繁，交易获利迅速增加，导致资本市场价格波动加剧，引起社会广泛关注。随着中国金融改革的深化和经济的快速发展，高管薪酬水平稳步上升，公司内部高管团队、不同行业高管间的薪酬差距逐步扩大。那么，我国上市公司高管的薪酬水平是否合理，薪酬契约能否对高管交易行为起到治理作用，薪酬契约对高管交易行为的作用机理和传导路径是什么，这些都是值得研究的问题。本书以民营上市公司为研究对象，重点研究高管薪酬水平和薪酬内外部差距对高管行为选择的影响机制、薪酬水平和薪酬结构如何影响高管交易的择时能力和获利能力、公司内外部治理环境如何对薪酬契约的有效性产生影响。

　　通过对国内外相关文献的梳理，本书认为上述问题仍有待于进一步研究。首先，薪酬契约对高管交易行为效应的文献侧重于对高管个人交易行为的研究，而对高管团队交易行为的研究较少。其次，现有文献重点关注薪酬契约对公司业绩和公司行为的影响，进而间接推断薪酬契约对于高管的激励作用，缺乏薪酬契约对高管行为影响的直接证据。最后，薪酬契约对高管激励作用的文献对制度环境对于薪酬契约实施有效性的影响考虑不足，不同的法律环境、市场化程度和社会人才的流动环境都会对薪酬契约的激励效果产生影响。

本书立足于委托代理理论和信息不对称理论的基本研究范式，综合运用锦标赛理论、行为理论和经理人市场理论，确立股东与高管间的理论薪酬均衡点，建立了薪酬体系影响高管交易行为的薪酬水平、内部薪酬差距和外部薪酬差距"三维一体"的整体分析框架，通过股东和高管间的动态博弈模型分析，构建了薪酬体系影响高管交易的作用机制：高管努力程度、内外部薪酬差距、公司内外部治理环境共同决定了高管的隐性薪酬期望，将隐性薪酬期望和现实薪酬水平代入激励相容模型分析，从而解释了高管的交易行为选择。

本书通过理论分析及数理公式推导提出以下命题。

第一，薪酬契约激励不足是高管交易行为产生的根本动机，高管掌握的私有信息是其交易获利的主要原因，企业需要不断根据公司发展的情况调整高管薪酬体系以形成有效激励，实现企业资源的合理配置，提高企业资源的利用效率。

第二，高管对内外部薪酬差距的心理感知会影响其交易行为，企业薪酬体系设计需要综合考虑高管公平感知和竞争性激励等因素。

第三，高管交易行为选择受到市场信息传递效率和公司内外部治理环境的影响，因此设置合理的薪酬体系和营造企业良好的内外部环境是遏制高管交易的重要手段。

基于上述理论分析，本书利用 2010—2014 年民营上市公司的高管薪酬及高管交易数据，通过计量模型进行以下三个方面的研究。

第一，利用委托代理理论和参照点效应分析"薪酬三维模型"体系下薪酬水平和薪酬结构对高管个人交易择时能力和获利能力的效应，区分高管交易方向、是否高管本人交易、高管交易期限等条件后分别检验薪酬契约影响效果的异质性。研究发现：薪酬水平高的高管短期交易的择时能力和获利能力更强，团队内薪酬水平高的高管会减少自己利用私有信息进行交易的行为，行业内薪酬水平高的高管短期和长期的交易择时能力更强，表明行业内的高薪管理者能够对行业和公司未来的发展有更准确的判断，因而更能把握住交易机会。高管的短期择时能力和获利能力主要体现在其卖出行为中，而长期的择时能力和获利能力主要体现在其买入行为中。相比于高管本人，高管亲属交易的择时能力和获利能力更强。

第二，利用锦标赛理论和行为理论分析"薪酬三维模型"体系下高管团队薪酬结构对团队交易规模的效应，高管团队交易行为是高管个人交易行为的集合体现，高管团队的薪酬满意度与团队薪酬特征相关。实证研究发现：团队薪酬水平的提升能够增加高管团队的交易规模，团队内部薪酬差距的扩大会导致高管利用私有信息的交易加剧，团队外部薪酬差距有助于减缓内部薪酬差距对高管交易规模的促进作用。研究结果表明，单纯提高高管团队的薪酬水平无助于减少高管利用公司私有信息的交易行为，因此公司在设计高管团队的薪酬时需要更多地考虑薪酬体系的公平性，同时需要根据公司自身的水平，制定相对于行业薪酬水平有竞争力的高管团队薪酬体系，增加团队成员的满足感，从而减少高管团队的交易规模。

第三，构建股东和高管间的动态薪酬博弈模型，引入制度环境因素，分析其对薪酬契约激励效果的调节作用，并进行实证检验。研究结果表明：区域法律环境的改善能够同时减少高管个人短期和长期的择时能力和获利能力，增强薪酬契约对高管交易行为的遏制作用；内控水平的提升有助于公司的长期发展，而对利用短时效信息交易的高管不能起到遏制作用；区域市场化程度的提升能够加强薪酬契约对高管长期交易获利能力的遏制作用，但却减弱了短期内薪酬契约对高管的激励作用；分析师在资本市场上能够起到信息挖掘和信息传递的作用，有效监督高管利用私有信息的交易行为，提高公司的信息透明度，增强薪酬契约的可信度，从而增强薪酬契约对高管的激励作用。

本书的研究贡献主要体现在以下三个方面。

第一，从高管交易的角度直接检验薪酬契约对高管的激励效果，明晰了薪酬契约对高管交易行为的影响路径和作用机理，弥补了已有文献通过企业绩效等间接变量检验的不足，为薪酬契约激励效果的相关研究提供直接证据。

第二，建立薪酬体系影响高管交易行为的薪酬水平、内部薪酬差距和外部薪酬差距"三维一体"整体分析框架，把行为理论纳入到理论分析框架中，结合锚定效应和参照点效应，分别研究高管个人和高管团队在公司和行业间的薪酬坐标位置对高管交易行为的交互影响，发现高管交易时更多地考虑团队薪酬结构的公平性，并实证检验了薪酬水平和薪酬内外部差距对不同类型高管交易择时能力、获利能力和交易规模的影响。

第三，建立股东和高管间的动态博弈模型，引入制度环境因素，分析公司内外部制度环境的变化在薪酬契约对高管交易影响中的调节作用，并通过实证模型对调节作用进行量化。

本书的研究结论可为公司设置合理有效的薪酬激励体系提供理论参考，为监管部门规范引导高管交易行为提供政策建议，为政府部门改善公司经营外部环境提供方向指引。

著者
2021 年 7 月

目　录

第一章

绪　　论

　　薪酬激励是公司治理的核心问题，而薪酬激励效果难以直接观测和度量成为学术研究和实践检验中的难点。高管利用私有信息交易的获利行为是高管自身的直接行为选择，受到团队内外部薪酬差距、公司内外部治理机制的综合影响，这为研究薪酬契约实施环境和激励效果提供了契机，是实证检验薪酬激励环境的有效途径。薪酬契约会对高管交易行为产生何种效应，以及效应的影响途径和检验结果是本书关注的核心问题。本章是全书的基础，主要对本研究的选题背景、研究问题、研究思路、研究创新点和研究意义等关键要素进行一一阐述，定义核心概念，明确研究边界，为后续的研究奠定基础。

第一节　研究背景及问题的提出

一、研究背景

　　2006年《中华人民共和国证券法》和《中华人民共和国公司法》解除了上市公司高管交易禁令，其后高管交易规模日益扩大，交易行为日益频繁，高管交易的巨额获利引起了社会的广泛关注。图1-1是2010—2014年民营上市公司中高管交易的统计，表明这一时期存在高管交易行为的民营上市公司逐渐增多，高管交易的频率逐步扩大。高管参与公司的经营决策，能以较低成本获取公司内部信息，相对于外部投资者具有信息优势，利用公司内部信息的交易行为能为高管带来薪酬外的巨额收益。已有研究发现高管交易行为会加剧股价波动，降低股票市场流动性，对资本市场产生诸多不利影响（Babenko et al.，2012；Beneish et al.，2002），因而其备受资本市场和监管部门的关注。

高管交易行为是薪酬契约激励不足时高管的自我激励行为，高管掌握的私有信息是其交易获利的主要原因（Seyhun，1986）。高管交易获得收益的同时也面临着巨大的声誉风险和诉讼风险（Johnson et al.，2000），因此当公司薪酬契约能够对高管产生激励作用时，高管会减少交易行为；而当公司薪酬水平与高管努力程度不匹配时，高管会产生不公平感，从而利用公司经营中获得的私有信息交易，以获得超额收益。

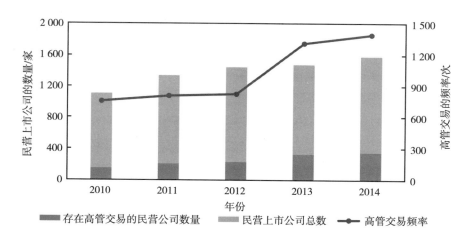

图1-1 2010—2014年民营上市公司高管交易的比例及交易频率

（数据来源：根据CSMAR数据库中的高管交易数据整理计算而得）

随着金融改革和市场化程度的不断加深，中国开始进入知识经济时代，高管作为企业管理运营的核心，主导着企业的投融资和创新行为，在企业可持续发展乃至国家经济转型中起到中流砥柱的作用。薪酬是股东对高管努力经营企业的回报，合理有效的薪酬契约体系是企业留住、激励、吸引高管的制胜法宝，是企业获得市场竞争优势的不竭动力，是企业资源优化配置的重要表现。随着我国市场经济的发展，高管的薪酬水平逐步提高，高管薪酬的分配原则也从"平均主义"逐步转变为"效率优先，兼顾公平"，导致公司内部的高管团队、不同公司间高管的薪酬差距逐步扩大。

由图1－2可知，我国民营上市公司高管的薪酬水平呈现快速增长的态势，不同高管间的薪酬差距逐步加大，高管薪酬表现出两极分化的趋势。薪酬水平的提升能够提高薪酬契约对高管的激励效用，而薪酬差距的扩大一方面能够通过锦标赛制度对高管产生激励效用，而另一方面则可能增加高管团队内部的不公平感，导致高管产生损害公司利益的行为。由于高管的努力程度和工作绩效缺少清晰明确的指标直接度量，高管在公司经营中的行为难以观测，因此高管人员薪酬水平的合理性和薪酬激励效果的度量成为公司治理中的难点。那么，我国民营上市公司现有薪酬契约体系能否有效地激励高管，减少高管利用私有信息的交易行为？薪酬契约对高管交易行为的影响机理和传导路径是什么？高管薪酬水平和薪酬结构对高管个人和高管团队的交易行为会产生怎样的差异性影响？

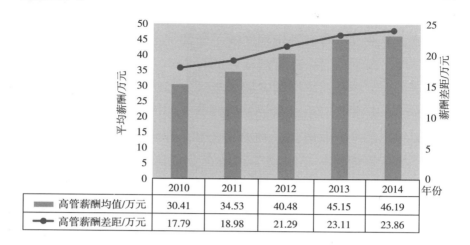

	2010	2011	2012	2013	2014
高管薪酬均值/万元	30.41	34.53	40.48	45.15	46.19
高管薪酬差距/万元	17.79	18.98	21.29	23.11	23.86

图 1 - 2　我国民营上市公司高管的平均薪酬水平和薪酬差距[①]

（数据来源：根据 CSMAR 数据库中的高管薪酬数据整理计算而得）

　　在世界局势日益复杂，中国经济增速放缓，企业面临转型升级压力的背景下，民营经济积极应对挑战，把握机遇，保持了旺盛的发展活力，实现了高质量的发展。截止到 2013 年底，我国登记的私营企业达到 1 253.9 万户，个体商户达到 4 436.6 万户，分别比 2012 年增长 15.5% 和 9.3%，抑制了 2012 年下滑的态势；同时，民营企业注册资金的增长率也出现较大的提升，表现出了民营企业的生机与活力[②]。图 1 - 3 是民营和国有企业城镇固定资产投资占比及投资增长率的统计图，表明民营企业城镇固定资产投资占比逐步提升，并于 2007 年之后取代国有企业成为中国城镇发展最重要的支撑力量；同时，历年来民营企业投资增长率远超国有企业，表明民营企业更加适应经济形势的变化，其对中国经济的复苏和发展起着至关重要的作用。

---

　　① 高管平均薪酬水平指全部民营上市公司高管团队薪酬的平均值；高管薪酬差距指高管团队中总经理薪酬与其他高管薪酬平均数的差值。

　　② 数据来源于民营经济蓝皮书《中国民营经济发展报告（2013—2014）》。

图 1-1 也表明民营上市公司的数量稳步增长，从 2010 年的 1 104 家增加到 2014 年的 1 579 家。随着我国经济逐步企稳回暖，民营企业有望实现新一阶段的飞速发展，在经济发展中起到更加重要的作用；同时，民营企业的薪酬体系更加市场化，能够根据市场变化进行快速调整，因此研究民营上市公司高管薪酬契约及其激励效果有助于深入了解民营企业发展的动力和源泉，为我国国有企业高管薪酬改革提供借鉴与参考。

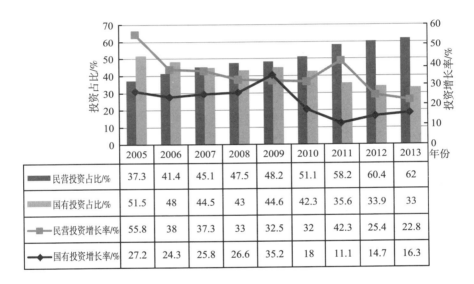

年份	2005	2006	2007	2008	2009	2010	2011	2012	2013
民营投资占比/%	37.3	41.4	45.1	47.5	48.2	51.1	58.2	60.4	62
国有投资占比/%	51.5	48	44.5	43	44.6	42.3	35.6	33.9	33
民营投资增长率/%	55.8	38	37.3	33	32.5	32	42.3	25.4	22.8
国有投资增长率/%	27.2	24.3	25.8	26.6	35.2	18	11.1	14.7	16.3

图 1-3 民营和国有企业城镇固定资产投资占比及投资增长率

［数据来源：《中国民营经济发展报告（2013—2014）》］

二、研究问题

高管交易是薪酬契约激励不足时高管的自我激励行为，是股东与高管间委托代理问题的外在表现。高管频繁利用公司内部信息的交易会导致企业的声誉损失和股票市场的流动性风险加剧。薪酬契约是解决公司委托代理问题的重要手段，有效的薪酬契约能够激励高管提高努力程度，增加企业绩效，而不合理的高管薪酬契约可能造成代理成本的增加，导致高管扩大交易规模，利用更多的私有信息进行交易以获得超额收益，造成公司的声誉损失。那么，薪酬契约能够对高管利用公司私有信息的交易行为产生何种效应？薪酬契约对高管交易行为的作用机理和传导路径是什么？薪酬契约对高管个人和高管团队交易的影响是否存在差异？制度环境对薪酬契约实施效果会有怎样的影响？本书以民营上市公司为样本，研究薪酬契约对高管交易行为的影响途径和作用机理，以此探究民营上市公司薪酬契约的合理性及其激励效果，并为优化公司内部薪酬结构，增加薪酬激励效果，规范高管交易行为提出意见与建议。

第二节　核心概念界定

一、薪酬契约

薪酬指雇员在付出劳动之后获得的各种货币收入、服务和福利之和。这一概念明确了薪酬主客体之间的关系及薪酬支付的内容和形式，是雇主和雇员之间的交换关系。薪酬契约是指雇主和雇员共同签订的有关劳动付出和薪酬支付的合同文书。本书中的薪酬契约主要指高管薪酬契约，即股东与高管之间签订的有关薪酬支付的协议。

高管薪酬有广义和狭义两种定义。广义的高管薪酬包括高管经营企业所获得的经济性薪酬和非经济性薪酬。经济性薪酬包括高管的直接性薪酬、间接性薪酬和隐性薪酬。高管的直接性薪酬包括基本工资、奖金及各种津贴等；高管的间接性薪酬包括公司为高管提供的退休金、住房公积金、保险、带薪休假、工资外的额外补贴和福利等；高管的隐性薪酬包括高管的在职消费和政治晋升激励等。而非经济性薪酬主要体现在高管在企业经营中所得到的精神层面的回报，主要包括高管的归属感、公平感、成就感。经济性薪酬和非经济性薪酬的组合能够有效地激励高管，提升高管的努力水平。

本书中的高管薪酬是狭义的高管薪酬，高管薪酬契约主要指高管的直接性薪酬契约，包含薪酬水平和薪酬结构两方面。其中，高管薪酬水平主要指民营上市公司年报中所披露的高管的短期货币性薪酬，包括高管的基本工资、绩效工资、奖金，也包括高管的津贴，但不包括中长期的股权激励、各种隐性收入、在职消费等。本书中的薪酬结构主要指高管团队的内部薪酬差距和外部薪酬差距，其中内部薪酬差距指公司总经理和其他一般性高管间的薪酬水平差距，外部薪酬差距主要指公司高管团队的平均薪酬和同行业其他高管团队平均薪酬的差值。

二、高管交易

本研究中的高管指我国民营上市公司年度报表中详细披露薪酬数额的高级管理人员，主要包括企业总经理、总裁、副总经理、副总裁、财务总监、总经济师、总工程师等公司的运营决策层。数据来源为被 CSMAR 数据库中的公司研究－人物特征分数据库界定为高管团队的人员。

高管交易主要指民营上市公司的高级管理人员本人及其亲属在二级市场上通过大宗交易、二级市场买卖和竞价交易三种交易方式导致持股数量改变的行为。数据来源为深交所和上交所官方网站中信息公开栏目下的董高监及相关人员股份变动信息披露，交易方式分类与上交所和深交所的信息披露相一致。

三、效应

效应是指在特定的环境氛围下，一些因素和一些结果所构成的因果现象，多用于对自然现象和社会现象的描述，其泛指某种行为或状态在社会上引发的反应和效果。本书中的效应主要指公司中的薪酬契约体系对高管交易行为所引发的反应，进一步分析薪酬体系变化对高管交易行为影响的途径及薪酬契约实施环境对薪酬激励效果的调节作用。效应检验是指在分析薪酬契约对高管交易行为的影响途径的基础上，通过数据收集、实证检验的方法验证效应存在性和真实性的过程。

四、民营上市公司

本书依据国泰安公司开发的 CSMAR 数据库中民营上市公司子数据库的标准界定民营上市公司为除国有独资、国有控股、外商投资以外的所有上市公司，包括独资企业、合伙企业、有限责任公司和股份有限公司。由于集体控股的复杂性及国外投资者和国内投资者的效用函数和行为模式存在很大差异，故本书排除了外资控制和集体控股的上市公司。该分类与国内外文献研究的分类相一致，能够使本书的结论和现有的研究成果相衔接，同时能够反映出我国民营上市公司的特征，具有良好的外部拓展性。

考虑到民营家族上市公司中高管团队可能就是其创始人，持有公司大量的股票，此时其更关注公司业绩提升以获得股票增值收益，货币性薪酬对高管的激励效果较弱，与本书中高管为公司职业经理人的潜在假设不符，为防止家族控股的民营公司样本对研究结论的影响，本书在样本选择时剔除了高管团队持股总数占总股本高于 10% 的样本，以减少家族创业类上市公司对研究结论的影响。

第三节 研究思路与技术路线

一、研究思路

（1）在研究背景的基础上，提出研究问题：薪酬契约是如何影响高管交易行为的？结合现实，分析民营上市公司的高管薪酬契约和高管交易的现状。薪酬契约分析主要包括高管的薪酬水平，以及高管团队的内部薪酬差距和外部薪酬差距三方面的现状特征。高管交易分析主要从高管择时获利能力两方面分析高管个人交易特征，以及从高管交易规模方面分析高管团队交易特征，并阐述高管个人的交易行为与高管团队交易行为之间的关系。

（2）结合现有文献，利用经济学理论建立薪酬体系影响高管交易行为的薪酬水平、内部薪酬差距和外部薪酬差距"三维一体"整体分析框架，分析薪酬契约对高管交易的影响途径。

首先，通过委托代理理论和信息不对称理论分析薪酬水平对高管交易行为的影响。高管交易行为是薪酬契约激励不足时高管的自我激励行为，是委托代理问题的重要表现形式，而薪酬契约是解决委托代理问题的重要途径，所以预期薪酬水平的提升能够缓解委托代理冲突，减少高管利用公司内部信息的交易行为。

其次，通过锦标赛理论和行为理论分析内部薪酬差距对高管交易行为的影响。内部薪酬差距的扩大一方面能够在高管间产生互相竞争的效果，在竞争中优胜的高管能够获得超额薪酬收益以弥补竞争的付出，此时高管会减少利用私有信息的交易行为，维持自己的声誉以获得更快的晋升；另一方面，内部薪酬差距的扩大会导致高管团队内部的不公平感加剧，高管成员间的团队合作减少，从而产生负向的激励作用。高管难以通过提高公司业绩获得薪酬提升，此时高管会增加交易行为中的私有信息含量，提高交易择时能力，扩大交易规模而获得更多收益以弥补其为企业经营付出的努力，从而可能导致高管利用公司内部私有信息交易行为的加剧。

再次，通过人力资本理论和经理人市场理论分析外部薪酬差距及其变动对高管交易行为的影响。随着经济发展和企业经营环境的频繁变化，高管作为重要的人力资本在企业经营中的作用日益重要，薪酬契约对高管的激励效果成为股东关注的首要问题，而经理人市场声誉机制和流动机制的有效性是薪酬契约有效性发挥的前提。当经理人市场有效时，外部的薪酬差距会使高管更加注重自身声誉的创建，并通过不断提高企业经营绩效积累声誉；股东为了挽留高声誉的高管会主动提高职位和薪酬待遇，同行业的其他企业也会出具更有吸引力的薪酬契约来招聘高管。此时，外部薪酬差距对高管表现为激励作用，高管会减少交易行为，从而避免声誉损失。但是当经理人市场无效时，高管的声誉积累并不能获得合理的薪酬回报，同时高管在不同企业间的流动性受到限制。此时，高管会为了获得薪酬契约外的收益增加交易行为，导致高管交易加剧。

最后，本书研究了不同的制度环境对于薪酬契约对高管交易影响的调节作用。制度环境包括企业所在地区的法律环境、公司内控水平、市场化发展程度和公司外部监督等因素。薪酬契约有效性的发挥不仅仅依赖于公司内部的制度，更依赖于有效的公司外部发展环境。法律环境和企业声誉环境的改善一方面能为高管的职位获得和薪酬提升提供法律保障，维护薪酬契约中高管的正当权益，另一方面能够增加高管交易的诉讼风险和声誉损失，使得高管交易成本上升，从而能够增加薪酬契约对高管的正向激励，约束高管的交易行为。公司内控水平的提升能够使得高管的上升渠道清晰透明，晋升激励有章可循，同时严格的规章制度能够减少高管的私利空间，对高管利用私有信息的交易行为形成有效监督，所以公司内控水平的提升能够增加薪酬契约对高管的激励效果，减少高管的交易行为。市场化程度的加深使得机构投资者和个人投资者对于企业信息的需求加大，逼迫上市公司完善信息披露制度，加大信息披露程度，减少公司内外部的信息不对称，从而能够增加薪酬契约的可信度，减少高管掌握的私有信息。此时，高管会增加努力程度，减少利用私有信息的交易，使得薪酬制度的有效性增加。分析师在资本市场上起到信息解释和信息挖掘的作用，能够迅速将公司内部信息传达给外部投资者，减少公司内外部的信息不对称，同时对公司公开披露的信息进行深度的解读，加强投资者对于公司的关注，从而对高管形成外部监督压力，进而遏制高管的交易行为。综上所述，预期制度环境的改善在薪酬契约对高管交易行为影响中能够起到正向调节作用。

（3）在实证检验方面，利用民营上市公司2010—2014年高管薪酬及其交易数据，从薪酬水平、内部薪酬差距、外部薪酬差距三个层面选取高管薪酬特征的指标，从交易择时和交易获利两方面选取高管个人交易特征的指标，从交易规模方面选取高管团队交易特征的指标，构建回归模型测算薪酬契约对高管个人交易和高管团队交易的直接效应及间接效应，进而探讨薪酬契约对高管交易作用的综合路径和影响机理。进一步，结合上市公司所处的制度环境分析内外部环境因素对于上市公司薪酬契约有效性的影响，探究制度环境对薪酬契约激励效果的调节作用。

（4）通过现状分析、文献回顾、理论分析和实证检验，总结出薪酬契约对高管交易的影响途径，归纳检验结果，提出研究结论和薪酬契约优化的建议。最后说明研究存在的缺陷并提出未来的研究方向。

二、技术路线

图 1-4 为本研究的技术路线图。

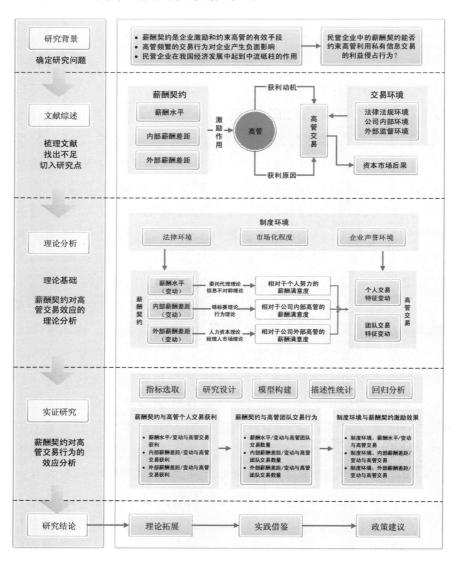

图 1-4　技术路线图

第四节　研究创新与研究意义

一、研究创新

本研究的创新点归结如下。

（1）从高管交易角度直接检验薪酬契约对高管的激励效果，明晰了薪酬契约对高管交易行为的影响路径和作用机理，弥补了已有文献通过企业绩效等间接变量检验的不足，为薪酬契约激励效果的相关研究提供直接证据。以往学者在研究薪酬契约的激励效果时主要通过企业绩效判断高管的努力程度，但是企业绩效的影响因素错综复杂，高管单方面增加努力程度并不一定能够提升企业绩效，从而导致高管薪酬激励效应的检验存在偏差。本书借助委托代理理论的基本范式研究确定了股东与高管间的理论薪酬均衡点，讨论薪酬水平偏离均衡点和薪酬均衡点移动时高管的行为选择，表明高管交易行为是高管对于薪酬契约满意程度的客观反映，是检验薪酬激励效果的有效途径。

（2）构建了薪酬体系影响高管交易行为的薪酬水平、内部薪酬差距和外部薪酬差距"三维一体"整体分析框架，探究高管薪酬水平和团队薪酬结构对于高管交易行为的交互影响，丰富了高管交易行为影响因素的相关研究。已有研究更多关注薪酬水平对高管交易行为的影响，而忽略了企业薪酬结构在高管行为选择中的作用。高管将薪酬水平与自身努力程度对比的同时，还会在意团队内外部其他高管的薪酬水平。合理的薪酬差距能够提升高管的努力水平，从而提升企业绩效；不合理的薪酬差距会导致团队内部产生不公平感，从而导致高管消极怠工和侵害股东利益的行为。本书将行为理论纳入到理论分析框架中，结合锚定效应和参照点效应，分别研究高管个人和高管团队在公司和行业间的薪酬坐标位置对高管交易行为的交互影响，发现高管进行交易行为选择时会更多考虑团队薪酬结构的公平性，并实证检验了薪酬水平和薪酬内外部差距对不同类型高管交易行为动机、获利能力、交易规模等因素的影响。

（3）建立了股东和高管间的薪酬动态博弈模型，引入制度环境因素，分析公司内外部制度环境的变化在薪酬契约对高管交易行为影响中的调节作用，并通过实证模型对调节作用进行量化。以往文献在研究薪酬作用时主要关注企业内部环境，如股权结构、管理层权利、企业特征等因素对于薪酬契约激励效果的影响，而较少从地区市场环境的角度解释宏观因素变化对于薪酬契约激励效果的影响。薪酬契约的实施离不开企业所处的制度环境、法律环境、外部监督环境，这些因素都会对薪酬契约的激励效果产生重要影响，本书研究了公司内外部制度环境对于薪酬契约对高管激励的调节作用，为提高薪酬契约激励效果提供了理论支持。

二、研究意义

本研究的理论意义和现实意义归结如下。

（一）理论意义

（1）拓展了薪酬契约对高管激励效果的研究范畴。现有研究主要通过企业的市场绩效和会计绩效间接检验薪酬契约对高管的激励效果（Canarella et al.，2008；章永奎等，2013），但企业绩效受到众多市场因素的影响，与高管的努力程度并不完全匹配。高管交易行为是高管自身的行为选择，直接反映高管对薪酬的满意程度，因此研究薪酬契约对高管交易行为的影响是对薪酬契约激励效果的直接检验。进一步，本书分别探讨了薪酬契约对高管个人和高管团队不同的影响途径，区分交易方向、是否本人交易、交易期限等因素，研究薪酬契约激励效果的差异，拓宽了薪酬契约对高管交易影响的研究范畴。

（2）丰富了高管交易行为影响因素的相关研究。现有研究重点关注薪酬水平对高管交易行为的影响（刘晓峰，2013；Denis et al.，2013），而对企业薪酬结构的讨论不足。相比于薪酬水平，薪酬的内外部差距对高管的交易行为可能产生更加重要的影响（Leonard，1990），即高管在考虑薪酬满意度时不仅仅关注自身的薪酬水平，还关注薪酬水平及团队内其他高管和行业其他高管薪酬的差值。因此，本书重点关注公司内外部薪酬差距对高管交易行为的影响，结合公司内高管团队的特征，构建薪酬体系影响高管交易行为的薪酬水平、内部薪酬差距和外部薪酬差距"三维一体"整体分析框架，综合分析薪酬体系中各要素对于高管交易行为的独立影响和交互影响。

（3）拓展了制度环境发展对微观企业影响的相关研究。制度环境能够通过流动机制和声誉机制对薪酬契约的实施效果产生影响（Milbourn，2003）。有效的流动机制表明公司内部的晋升渠道透明，晋升标准清晰，高管可以通过长期的努力获得职位晋升；有效的声誉机制表明公司内外部的制度环境能够对高管的业绩做出公平、公正的评价，并对高管行为进行激励监督（Ertimur et al.，2012）。本书以高管交易作为切入点研究薪酬契约对高管的激励作用，引入公司内部治理、公司外部监督、地区市场化程度、地区法律环境等因素，探讨不同制度环境下企业的薪酬体系选择，拓展了已有文献对薪酬契约实施有效性的探讨，丰富了薪酬激励实施效果的相关研究。

（二）现实意义

（1）为评价我国民营上市公司高管薪酬激励效果提供直接证据。薪酬激励是解决公司内部股东和管理者委托代理成本的重要手段，但薪酬激励效果难以直接观测和度量，成为学术研究和实践检验中的难点。本书从高管交易这一高管自身行为选择出发，直接检验高管对于自身薪酬的满意程度，并探讨公司内外部薪酬差距、薪酬实施环境对高管薪酬激励效果的影响，为公司评价薪酬激励效果、针对行业特征和环境特征优化薪酬体系提供参考。

（2）为监管部门监督高管利用私有信息的交易行为提供方向指引。2006 年《中华人民共和国公司法》解禁高管交易以来，高管交易规模日益扩大，交易次数日益频繁，高管交易获利引起社会广泛关注。本书综合公司特征和行业特征研究不同公司的薪酬契约对高管交易行为的影响，通过三维分析框架和实证检验明晰高管交易的动机、获利原因和交易特征，为监管部门制定长效监管机制，分类监管高管交易提供方向指引和数据支持。

（3）为政府制定长期的地区发展规划提供政策建议。高管是企业经营决策的制定者和实施者，在企业的战略转型升级中起到至关重要的作用，是公司重要的人力资本。本书研究公司薪酬契约在不同制度环境中对高管的激励作用，为政府制定地区发展规划、营造企业良好的发展氛围和发展环境提供方向指引。政府应加强地区法制化建设，支持地区金融发展，保障地区人才市场的流动，完善地区人才市场声誉机制的建设，从而增强公司薪酬契约的有效性，增加地区内的资源配置效率。

第二章

薪酬契约与高管交易关系研究综述

　　本章针对薪酬契约对高管交易效应的问题，对国内外相关的研究成果进行详细的归纳和梳理，并提出现有研究的不足之处，明确后续的研究方向。具体来说，本章首先将高管薪酬契约体系分解为薪酬水平、内部薪酬差距和外部薪酬差距三个方面，分别研究已有文献中薪酬契约的三个方面对高管的激励作用，发现薪酬水平、内部薪酬差距和外部薪酬差距都会对高管行为产生正向和负向的影响，同时发现大部分已有文献将企业绩效或企业行为作为薪酬激励效果的检验标准，是薪酬激励效果的间接检验。其次，本章回顾了高管交易的动机和获利原因，发现高管掌握的私有信息是其交易获利的主要原因，而高管是否利用私有信息交易获利受到高管对薪酬满意度的影响，同时其交易行为会因公司内外部治理环境的改变而改变。本章进一步梳理了已有文献中法律环境、公司治理水平、外部监督机制对高管交易行为产生的影响并总结高管交易行为对资本市场的影响，从而完成从高管交易动机、交易能力、交易环境到交易影响全过程的文献梳理，为研究薪酬契约对高管交易的效应及作用机理、制度环境对薪酬契约有效性的影响等问题奠定基础。

第一节　薪酬契约对高管激励效应研究

一、薪酬水平对高管的激励效应

现代企业的典型特征是所有权和经营权的分离。高管掌握着公司的资源配置权和经营决策权，但是却持有少量甚至不持有公司的股份，而股东作为委托人难以实现对高管全面彻底的监督，因此高管存在利用公司内部信息使自身利益最大化的动机。建立有效的薪酬激励与约束机制是减少公司内委托代理成本的重要手段，对实现股东价值最大化具有重要意义。中国正处在经济转型升级期，高管在企业供给侧改革的过程中发挥着重要作用，如何通过激励高管提升企业经营绩效、保持企业可持续发展是企业转型过程中面临的重要问题。

目前，有关高管薪酬对高管激励效应的文献主要通过研究高管薪酬与公司业绩的关系间接推断高管薪酬的激励效应。高管薪酬与企业绩效匹配性的研究得到了学术界的广泛关注，国内外学者对高管薪酬水平的合理性进行了广泛的讨论与研究，但并未得出一致的结论。

（1）高管薪酬与企业绩效显著正相关。

Murphy（1985）利用美国1964—1981年的高管薪酬数据研究发现：公司业绩和高管薪酬正相关，并且高管薪酬受到销售增长率、股价波动的影响。Canarella等（2008）以美国高科技企业为样本，发现高管薪酬和公司业绩间存在显著的正相关关系。张俊瑞等（2003）利用现代模型影响评价理论发现高管薪酬与公司绩效和公司规模正相关，与高管持股正相关但结果存在不一致性，表明股权激励在我国高管薪酬中的作用有所增加，但是其激励效果存在争议，同时表明高管薪酬与经营公司的复杂程度和公司的业绩显著相关。张正堂（2003）通过 1999—2000 年上市公司的样本，利用协方差结构模型对总经理薪酬的影响因素进行检验，发现总经理的薪酬与企业绩效、企业规模和董事会控制强度正相关，表明高管薪酬不仅受到企业复杂度和企业绩效的影响，而且公司内部的组织结构对高管薪酬的确定也起到重要作用。章永奎等（2013）通过研究我国上市公司高管薪酬和企业总资产收益率、净资产收益率及 TobinQ 的关系后发现高管薪酬与股东财富的变化成正比，而与本期的 TobinQ 负相关；同时，相比于市场指标，公司会计业绩指标在高管薪酬制定中起到更加重要的参考作用。吴育辉和吴世农（2010）的研究发现，高管薪酬仅与企业的会计业绩指标正相关，与企业的股票收益率及资产变现率不存在显著正相关；同时，高管的薪酬水平随着高管权力增加而明显提高，表明随着企业经营复杂程度的增加，企业中股东与高管间的信息不透明程度加深，股东对高管经营企业的干预会逐渐减少，高管的权力逐步增加。由于薪酬黏性的存在，高管可以自定薪酬，逐步提高自己的报酬率，这反而增加了企业的代理成本。相对于国有企业，民营企业中高管利用其控制权提高薪酬的做法更加普遍，表明国有企业的高管受到行政约束，而民营企业的高管能够自由发挥自己的决断权。但是，民企高管自定薪酬增加了代理成本，表明我国上市公司高管在薪酬制定时存在明显的自利行为，而且这种自利行为导致薪酬激励的作用大大降低。刘绍娓和万大艳（2013）通过 2003—2010 年不同所有制上市公司的样本对比分析发现，薪酬水平与公司绩效显著正相关，并且正相关程度受到高管持股的影响，随着时间的增加，这种正相关关系在民营企业中逐步增强，但是在国有企业中逐步减弱。

（2）高管薪酬与企业绩效负相关或不相关。

Aggarwal 和 Samwick（1999）的研究发现，股东财富的增加并不能导致高管薪酬的增加，随着公司经营风险和股票波动风险加剧，高管薪酬业绩敏感度出现大幅下降。李增泉（2000）将我国上市公司依据行业性质、资产规模、股权性质和公司所在地区进行分组，实证检验后发现，我国上市公司高管薪酬与企业业绩不相关，但是与企业规模和地域存在相关关系，表明我国不同上市公司中高管薪酬制定的标准存在地域差异；同时，上市公司高管持股比例低，股权激励少，表明工资薪酬仍然是高管薪酬的主要来源，高管股权激励对高管的激励作用有限。魏刚（2000）的研究发现，我国上市公司高管薪酬结构不合理，薪酬标准单一，行业间高管薪酬差距较大，高管薪酬与绩效不存在显著的正相关关系，同时高管薪酬受到经济波动的影响，与公司所处的行业密切相关。朱德胜和岳丽君（2004）的研究表明，在中小型公司中高管薪酬变动与其主营业务收入存在显著相关性，大型公司中的高管薪酬与公司业绩不显著相关，高管薪酬与业绩的相关性在竞争性行业中更加明显，而垄断行业中高管薪酬与公司业绩不相关。卢锐等（2008）发现高管薪酬存在"棘轮效应"，具有很大的薪酬黏性，在企业经营好的时候高管薪酬迅速上升，而在企业经营差的时候高管薪酬下降幅度较小，导致高管薪酬与企业绩效的相关性减弱。

二、内部薪酬差距对高管的激励效应

现有文献表明，相对于高管获取的绝对薪酬，高管团队内部的薪酬差距可能对高管起到更重要的激励作用（Leonard，1990）。高管将薪酬水平与自身付出对比的同时，还会在意团队内部其他高管的薪酬。当高管自身薪酬高于团队其他高管的薪酬时，高管处在"赢项"，高管的薪酬满意度会上升，此时高管会减少冒险性行为，表现为风险厌恶型；当薪酬低于团队内其他高管的薪酬时，高管处在"输项"，高管的薪酬满意度会下降，此时高管倾向于通过冒险性行为弥补自己的损失，会产生利用公司内部信息交易获利的行为。对于高管团队来说，团队内部的薪酬差距会同时产生正向和负向的激励效果。合理的薪酬差距能够提升高管的努力水平，从而提升企业绩效；不合理的薪酬差距会导致团队内部产生不公平感，从而导致高管消极怠工和侵害股东利益的行为。锦标赛理论和行为理论分别解释了高管团队薪酬差距对于高管的影响，学者研究时主要通过内部薪酬差距和企业绩效的关系间接探究薪酬契约的激励作用。

1. 锦标赛理论下薪酬契约对高管的激励效应

国内外学者在锦标赛理论视角下研究了薪酬差距对高管的激励效应。林浚清等（2003）利用我国 1999—2000 年上市公司高管薪酬数据进行回归检验，发现高管团队的内部薪酬差距与企业未来价值间存在显著正相关关系，并通过二次项回归模型进一步验证了高管薪酬差距和企业价值只有线性的正相关关系，这表明并不存在最优的高管薪酬差距和最优的高管薪酬区间；同时，发现高管绝对薪酬差距与企业未来价值的相关度强于相对薪酬差距的相关度。另外，研究发现，相对于企业的制度环境，高管团队规模、企业成长速度、外部环境竞争的激烈性、公司内部的治理结构、管理层变动等因素更能影响高管的薪酬差距，表明高管的薪酬差距主要由公司内部因素决定，而较少受到外部环境的影响。陈冬华等（2005）研究我国薪酬管制背景下上市公司高管是否存在在职消费的问题，实证结果表明薪酬管制下的高管在职消费是国企中高管薪酬的替代性选择，国企薪酬差距的扩大能够激励高管努力工作，减少国企高管在职消费的问题，这为国企高管的薪酬改革提供了参考。王浩和黄小玲（2010）利用我国股权分置改革后实施股权激励的上市公司样本，研究薪酬契约对高管的激励效应，发现我国上市公司高管团队内部薪酬差距与企业价值正相关，并且不存在区间效应，表明高管团队的内部薪酬差距有利于企业绩效提升，这一研究结论支持锦标赛理论。黄丽霞（2010）通过对2007年1 281家上市公司的数据进行回归分析后发现，高管薪酬差距对企业价值具有正向激励作用，并存在区间效应，回归结果表明大部分上市公司中高管薪酬差距处在合理的范围内。而且，黄丽霞（2010）主张扩大上市公司高管团队的薪酬差距以增加企业价值。俞震和冯巧根（2010）通过对我国993家A股上市公司的研究发现，高管团队薪酬差距能够提升公司价值，而公平偏好导致的高管团队内成员的自利性行为在我国上市公司中尚未产生显著的效应，回归结果表明锦标赛理论更能解释我国上市公司高管的薪酬差距对高管的激励作用。

部分学者虽然认同锦标赛理论能够解释高管薪酬差距对高管的正向激励作用，但是认为薪酬契约的激励效果受到很多其他因素的影响。比如，鲁海帆（2010）发现多元化战略实施过程中各业务单元对于合作性的加强会降低薪酬差距对高管的激励作用，减弱薪酬差距与企业业绩之间的正相关性。这一研究结果表明薪酬契约对高管的激励作用可能并不能仅通过锦标赛理论解释，可能有多重理论起到了不同的激励作用；同时，薪酬差距的激励存在非对称性，即对于不同层级的高管，薪酬契约所起到的激励效果存在异质性，这表明了薪酬激励契约制定的复杂性。刘小波（2008）的研究发现，企业经营的市场环境可能会对薪酬契约的激励效果产生影响。刘小波（2008）通过对"三力"模型的研究发现，市场环境、企业性质、治理结构和企业经营特征都会影响薪酬差距与企业价值的关系，股权结构、资产规模、行业等因素也对薪酬差距与企业价值之间的相关性有一定的影响。刘春和孙亮（2010）的研究表明，我国国企高管和员工间的薪酬差距和企业价值正相关，并且正相关关系在不同的薪酬差距度量指标下都显著，即使在控制变量内生性后关系仍然成立；同时，薪酬差距对高管的激励作用随着公司所处地区的市场化程度而改变，并遵循边际递减规律。

2. 行为理论下薪酬契约对高管的激励效应

国内外学者在行为理论视角下研究薪酬差距对高管的激励效应也取得了丰硕的成果。张正堂（2007）利用2001—2004年的上市公司数据发现，高管薪酬差距和企业价值之间呈现负相关关系，进一步研究发现企业规模在薪酬契约的负向激励中起到正向调节作用，表明薪酬差距对高管的激励效果同时符合锦标赛理论和行为理论，说明中国"不患寡而患不均"的平均主义思想在薪酬契约发挥效果时起到了重要作用。同时，张正堂（2008）的研究发现，公司内部薪酬差距调整对高管的激励效果存在时间滞后性，认为高管团队的薪酬差距会影响公司未来的价值实现；通过数据的实证研究检验，发现公司高管团队内部薪酬差距的扩大对公司未来财务价值产生负向影响，从而推断薪酬差距会影响高管未来的努力程度，对高管产生负向激励效应。刘小刚（2010）采用高管团队绝对薪酬差距和相对薪酬差距作为解释变量研究高管团队内部薪酬差距对企业价值的影响，研究结果表明高管团队薪酬差距与企业价值负相关，表明缩小高管团队内部薪酬差距有利于企业价值的提升。王永乐和吴继忠（2010）的研究表明，在同一组织层级内，员工薪酬差距与企业价值不相关，甚至负相关，但是在不同层级内薪酬差距与企业价值正相关。

纵观国内外薪酬差距对高管激励作用的文献可以发现，已有文献主要通过研究高管团队薪酬差距与企业会计价值和市场价值，甚至企业发展速度之间的关系间接研究薪酬差距对高管的激励作用，但是薪酬差距对高管行为的直接影响仍然有待检验。国有企业和民营企业在薪酬制定方面存在较大差异，国企高管受到国家各种限薪制度的约束和国资委等机构的监督，薪酬差距并不能反映企业经营实际；同时，晋升激励部分替代了薪酬差距对高管的激励。相对于国有企业，民营企业的薪酬制度更加灵活，薪酬调整更适应市场经济的发展和变化，因此重点研究中国民营上市公司的薪酬制度及其激励效果能够为我国国企薪酬改革提供一定的借鉴意义。

三、外部薪酬差距对高管的激励效应

薪酬差距不仅包括高管团队内部的薪酬差距，还包括公司高管团队与同行业其他高管团队之间的外部薪酬差距。关于高管团队外部薪酬差距对企业绩效的影响，学术界尚未得出一致的结论。李新春（2003）认为我国经理人市场存在较大缺陷，高管在不同企业间的流动性不足，声誉机制并未完全建立，所以高管团队的外部薪酬差距无法对高管产生薪酬激励。步丹璐等（2010）通过研究发现，总体而言，高管团队外部薪酬差距与企业绩效间存在正相关关系，并且民营企业中外部薪酬差距的激励效果更好。吴联生等（2010）通过研究高管超额薪酬和公司业绩之间的关系发现，国有企业薪酬差距与公司业绩无关，而民营企业正向的超额薪酬与公司业绩呈现正相关关系，但是负向的超额薪酬与公司业绩不相关。Hibbs 和 Locking（2000）利用行业间不同公司高管团队的薪酬差距讨论了外部薪酬差距和公司业绩的关系，研究结论支持高管外部薪酬差距对高管的正向激励作用。孙静（2004）认为薪酬公平是一个相对的概念，并通过内部薪酬差距和外部薪酬差距定义了内部公平和外部公平；其实证研究发现，高管良好的公平感知能够提升公司业绩，薪酬契约体系建立时需要考虑高管公平感的因素。朱启明和佘虹志（2006）利用薪酬离差衡量高管的外部薪酬差距，其实证结果表明我国上市公司中公平倾向的薪酬设计更能够提升公司业绩。宋剑（2008）利用我国电力行业上市公司的样本研究发现，高管薪酬激励存在内外部不一致的现象，表明高管薪酬公平性对高管的忠诚性和工作满意度有着深刻的影响，并最终通过企业行为影响公司的业绩。吴联生等（2010）选取2005年薪酬披露后上市公司高管的薪酬数据，研究外部薪酬差距对高管的激励作用并进行实证分析，发现高管外部薪酬公平性是影响高管行为的重要因素；而且，通过分行业的实证回归发现，外部薪酬差距和民营企业业绩存在显著正相关关系。李玲（2006）通过分行业回归研究发现，高管薪酬与公司业绩存在行业差别，间接表明外部薪酬差距能够影响薪酬契约对高管的激励效果。

通过上述对于外部薪酬差距对高管激励效果的文献分析可以看出，外部薪酬差距可能对高管行为产生重要影响，即当高管薪酬高于行业内其他高管的薪酬时，高管可能会产生满意的感觉，进而减少利用公司私有信息交易获利的行为；而当高管的薪酬远低于行业高管的平均薪酬时，高管的不公平感知会促使高管利用更多的私有信息进行交易，获得更多收益。因此，有必要研究外部薪酬差距对高管行为的影响机制和作用机理。

第二节　高管交易动机及获利原因研究

一、高管交易的获利性动机

高管交易的动机分为获利性动机和非获利性动机。获利性动机导致高管通过自身掌握的私有信息进行交易获得超额收益的行为；非获利性动机主要指高管出于资产流动性、税务筹划、资产优化组合等考虑进行的交易行为。由于非获利性动机的交易行为并不能获得显著超额收益，对资本市场的影响有限，因此学术界更关注高管出于获利动机的交易行为及交易获得超额收益的原因，这也是高管交易相关研究最根本的研究动机。已有研究表明，高管交易相比于外部投资者可以获得超额收益（Seyhun，1986），并且高管交易获利广泛存在于发展基础不同、法律监管相异的国家和地区，如德国（Dymke et al.，2008）、中国香港（Jaggi et al.，2007）、东南亚（Hung et al.，2003）、拉丁美洲（Cruces et al.，2005）、巴西（Barbedo et al.，2010）、英国（Pope et al.，1990；Gregory et al.，2010）。同时，学者对于高管为什么能获得超额收益展开了一系列有益的探讨（Gombola et al.，1999；Noe，1999；Rozeff et al.，1998）。

高管交易能够获得超额收益已经被很多学者的研究所证实，Seyhun（1986）利用 1975—1981 年间的 60 000 笔高管交易数据证明：不管是高管的买入行为还是卖出行为都可以获得超额收益，并且模仿高管交易的外部投资者也可以获得超额收益。Rozeff 和 Zaman（1998）发现外部投资者模仿高管交易行为获利的原因主要来源于企业规模和市盈率，在排除上述因素后外部投资者能获得 3% 左右的超额收益。Marin 和 Olivier（2008）发现高管在股票下跌前就已经开始卖出股票，而高管买入股票一个月内股价就开始上涨；同时，高管会尽量避免在交易敏感期内进行交易，以减少法律诉讼的风险。

高管获得超额回报的现象不仅存在于美国，世界各地的学者都发现了高管交易可获得超额回报的事实。Dymke 和 Walter（2008）发现，总体上来说，德国的高管通过持续的信息输出获得了超额收益，管理层是利用内部信息做交易最积极的群体。Jaggi 和 Tsui（2007）发现，香港的管理层利用盈余管理调高股价，从而通过卖出股票获得更多的收益。当董事会中独立董事的比例增加时，这种行为会得到有效遏制。Gregory 等（2010）发现英国的高管交易获得超额收益主要集中在小型公司，整体市场上高管交易并不能获得显著超额收益，模仿高管交易也无法获利。Cruces 和 Kawamura（2005）利用拉丁美洲 7 国的数据发现，高管交易越多的公司 TobinQ 越小，表明市场能够发现高管交易非法获利的情况并加以制止；同时，不同国家之间的法律基础也导致不同国家间高管交易获利程度的不同。

二、高管交易获利原因分析

学术界对于高管获得超额回报的原因进行了广泛探讨，大部分学者认为高管利用他们掌握的非公开信息进行交易而获利。Myers 和 Majluf（1984）认为公司高管更加了解公司的运作情况和真实价值，高管会利用公司真实价值和市场价值之间的差额，通过提前掌握公司利空和利多的消息买卖股票获利。Aboody 等（2005）发现能够获得超常收益的高管所在的公司往往是信息不对称程度更高的公司，从而支持了高管交易获利来源于公司私有信息的理论。

但是，部分学者认为高管获利的原因是多元化的。Givoly 和 Palmon（1982）认为高管交易的超额回报主要是由于市场外部投资者盲目的跟风行为所致，市场往往对于高管的交易行为有过度反应。Park 等（1995）通过统计盈余公告前后的高管交易数据发现，高管会为了规避诉讼风险而放弃使用私有信息交易。Sivakumar 和 Waymire（1994）也认为影响高管交易的因素有很多，高管的信息渠道来源比较广泛，高管交易决策过程的影响因素值得进一步探讨。Kallunki 等（2009）提出许多高管交易的动机是出于优化资产组合和纳税筹划的考虑，高管个人特征对于交易行为的选择也有影响，持有公司股份较多的高管的交易行为具有更多的信息含量。通过对 134 000 笔高管交易的时间和市场反应进行分析，Coff 和 Lee（2003）发现高管交易在高科技、高成长性和投入较多研发资金公司的股票市场中往往会产生正向的股价反应，可见影响高管交易行为的因素是错综复杂的。Cohen 等（2012）将高管交易分为投机性交易和正常交易，通过实证研究发现投机的高管交易会获得显著的超额利润，正常的高管交易则获利不明显，其中投机性交易行为主要来源于管理水平低下、业务范围集中的公司的非执行官员，而美国证监会的高管管理法案对于投机性高管交易的抑制作用明显。

近期的研究发现，相比于外部投资者，高管可以更好地利用职业经验对公开信息进行加工，从而获得超额利润。Alldredge 和 Cicero（2015）发现，公司高管会利用供应链上下游公司的年报数据来预测本公司的股价走势，进而买卖本公司的股票而获得超额收益，这一结论支持高管更愿意利用公开信息而不是私有信息进行交易的理论；其进一步研究发现，高管会操纵信息披露以达到获取高额交易利润的目的。Cheng 和 Lo（2006）发现，信息披露和交易都是高管的内生选择，高管会战略性地操纵公司披露政策来达到交易获利最大化的目的——当高管准备增持股票时往往披露对公司运营不利的消息，而这种关系在总经理增持股票时得到加强；当法律诉讼风险较小时，高管更倾向于操纵信息。Cheng 等（2013）也发现了高管操纵公司信息披露的行为，一般情况下高管提供的公司信息往往是模糊的，但是高管在卖出股票前会提供准确的正面信息，而买入股票前则会提供准确的负面信息。机构投资者对于高管操纵信息的行为有显著的遏制作用。Lenkey（2014）发现，高管交易提前披露制度能够有效地提高外部投资者的福利，增加高管的交易风险，遏制高管的投机交易行为，使得高管对其交易行为更加谨慎，从而减少外部投资者所面临的逆向选择风险，但是过度抑制高管交易会导致市场效率降低。Gopalan 和 Jayaraman（2012）通过整理 22 个国家的高管交易数据发现，高管管控的公司中会出现更多的盈余管理行为，缺乏中小投资者法律保护和两权分离情况比较严重的国家中高管倾向于进行更多的盈余管理行为。

中国研究高管交易行为的学者大多把高管获利归因于高管掌握的私有信息，高管利用信息不对称提前交易获利，而这种情况在透明度低的公司更加普遍。曾庆生（2014）采用深圳证券交易所信息披露的考评结果和公司盈余管理水平来衡量公司的信息透明度，研究发现信息透明度低的公司中高管交易行为能够获得显著的超额回报，而信息透明度高的公司则没有这种现象；同时，高管亲属的交易能够获得显著的超额回报，与公司透明度无关，因此监管部门需要加强对高管亲属交易行为的监管。曾庆生和张耀中（2012）发现，中小板上市公司的高管会利用自身的信息优势在定期的财务报告披露前交易股票，并在年报披露后反向交易获得中短期的超额收益，而主板上市公司的高管较少利用信息优势进行交易。张俊生和曾亚敏（2011）发现，高管亲属比高管本人更能把握股票买卖的时机，其交易数量和交易次数均远大于高管本人，高管亲属交易存在很多短线交易与敏感期交易的行为，建议证监会加强对于高管亲属交易的监管。朱茶芬等（2011）发现，高管的卖出和大额买入交易对未来股票的走势有很强的预测能力，能准确抓住市场的高估值机会套现，具有很强的择时能力和长期获利性。曾庆生（2008）也发现，我国高管卖出公司股票时表现出了很强的择时能力。同时，曾庆生（2008）的研究验证了信息层级理论，即除董事长和总经理外的内部董事和经理的超常回报显著高于监事和独立董事；高管本人交易的超常回报显著高于高管直系亲属。其进一步的研究发现，小公司的高管的获利能力要强于大公司的高管；国有控股企业的高管交易获利大于非国有企业的高管。上述结论表明公司内外部的信息不对称程度越高，高管越有可能获得超额收益。刘晓峰（2013）从公司管理层和外部投资者之间的信息不对称出发，在一般均衡框架下建立同时考虑上市公司高管薪酬、股票价格、内幕交易监管行为等因素的模型。该模型的推导表明，如果内部交易者本身是上市公司总经理，除非给予总经理某种形式的额外补偿，否则对于此类型的内幕交易不论怎样加强监管，都不会是有效的，市场将不存在均衡。其研究结论证明了使市场存在均衡的总经理补偿计划的存在性，而对模型的模拟计算表明，内幕交易监管行动与总经理补偿计划的结合可以提升市场的效率。

第三节　高管交易的环境及其影响研究

一、法律环境与高管交易行为

法律监管对于高管交易的治理是学术研究的热点。Bhattacharya 和 Daouk（2002）发现，各国关于高管监管的法律集中在 20 世纪 90 年代出台，在 103 个有证券市场的国家中有 87 个出台了限制高管交易的法律，但是真正通过法律提起诉讼的只有 38 个国家；进一步加入控制变量后发现，一个国家的资本成本并不会随着高管交易限制法律的出台和实施而降低。Fernandes 和 Ferreira（2009）调查了 48 个国家 1980—2003 年间的数据，发现规范高管行为法律的执行能够增加股价的信息含量，但是这个发现主要存在于发达国家的证券市场，发展中国家由于法规不健全和监管不严格，股价的信息含量并没有提升，但是发展中国家的高管交易行为可以将公司内部消息转化为股票价格，减少公司内外部的信息不对称，进而降低资本成本。Jayaraman（2012）将 16 个国家初次实行限制高管交易的法规当作一个外生的刺激，通过实证研究结果发现制约高管交易能够有效地加强会计信息的有用性和外部投资者对于高质量会计信息的要求。高管法规的实施能够增加损失确认的及时性。Brochet（2010）发现高管交易的规模和获利在美国国会通过《萨班斯法案》之后都有所增长，但是排除事前规划交易、报告延迟、诉讼风险、媒体追踪等因素后发现《萨班斯法案》的实施与高管交易获利负相关，表明媒体关注对于公司股票定价有显著的影响，《萨班斯法案》能够减少高管利用私有信息交易的可能性。法律法规出台后，高管也会调整自己的交易策略以减少交易引发的诉讼风险。Park 等（1995）将公司盈余发布前后高管交易情况进行对比分析，认为高管为了避免内幕交易的嫌疑，不会将非公开信息作为买卖股票的依据。Huddart 等（2007b）发现高管会避免在年报和季报的披露前买卖股票以减少法律风险，高管在年报和季报后会通过对未来信息（下次的季报）的判断进行交易获利，表明高管更倾向于运用自身对未来价值的判断做交易而不是利用私有信息做交易。Berkman 等（2014）发现高管会利用其小孩的账号在重要的信息发布之前进行更加隐蔽的交易以规避法律诉讼风险，这样的行为在并购盈余信息发布前更加频繁。

目前欧美国家对于高管交易行为的研究比较完善，研究结果和事实案例也推动了一系列法律法规的制定和实施。20 世纪 80 年代 Milken 和 Boesky 的内幕交易促成了 1984 年《美国交易惩处法案》的实施。1988 年美国通过《内幕交易与证券欺诈执行法案》，规定了内幕交易可处违法所得 3 倍的罚金；同时，*William Act* 对于并购中的信息披露也有详细的规定。20 世纪 90 年代，美国的机构投资者开始觉醒，通过持股参与公司运营和治理，达到改善公司经营、增加公司价值、提升公司股价的目的。2001 年的安然事件和 2002 年的世界通信公司会计丑闻打击了投资者对于资本市场的信心，美国国会和政府于 2002 年通过了《萨班斯－奥克斯利法案》，对上市公司的公司治理制定了更严格的规定。总体来说，美国对于高管交易的法规比较完善，执行力度大，法律法规起到了有效的约束规范作用。学者的研究发现也证明了美国法律实施的有效性。

中美两国的高管交易发展的制度背景不同，基于两国市场所得出的研究结论也会有差异。总体来说，美国的高管交易起源比较早，是由完全开放的自由市场吸取经济危机教训后转向制度完善的规范市场。而中国由于金融市场的管理与约束，是由计划经济体制转向市场经济体制，高管交易刚刚放开，所以法律法规的制定更多是摸着石头过河，通过逐步开放最终达到均衡统一。2005 年 9 月 4 日，中国证监会颁布了《上市公司股权分置改革管理办法》，通过对价支付的方式将大部分非流通股转为流通股。非流通股自实施之日起，12 个月内不得上市交易或者转让；持有上市公司股份总数 5% 以上的原非流通股股东可于规定期满之后出售原非流通股股份。非流通股解禁后，出售数量占该公司股份总数的比例在 12 个月内不得超过 5%，在 24 个月内不得超过 10%。股权分置改革彻底改变了同股不同权、同股不同价的问题，从根本上为非流通股，也为高管持股上市交易扫平了障碍。

为了增加上市公司股票的流动性，使其更加符合市场规律，2006 年全国人民代表大会通过了《中华人民共和国公司法》和《中华人民共和国证券法》，规定上市公司的高管可以自由买卖自己公司的股票，并对高管交易做出详细的规定，以缓解大额交易行为所带来的市场波动。其后《上市公司董事、监事和高级管理人员所持本公司股票及其变动管理规则》《深圳证券交易所上市公司董事、监事和高级管理人员所持本公司股份及其变动管理业务指引》《关于进一步规范中小企业板上市公司董事、监事和高级管理人员买卖本公司股票行为的通知》相继出台，使得执法部门对高管交易行为的监督有法可依。曾亚敏和张俊生（2009）通过对上市公司高管违规短线交易的样本研究发现，我国上市公司高管的短线行为能获得超额收益，尤其是监事的短线交易行为获利更多、"择时"能力更强。其中，未说明原因的短线交易行为与"对相关规定不了解"这两种主观的短线交易都未能获得超额收益，表明我国限制高管交易的法律法规有助于维护股票市场的公平、公正，但是短线违法交易频发则说明宣传教育和执法力度仍需加强。何青（2012）的研究表明，实施高管交易监管法规以来，我国上市公司的高管依然能够利用私有信息在二级市场上赚取超额收益。当高管购买或出售公司股票时，股票市场就会出现异常反应，而这些超额收益的大小受到公司股权集中度、所有权性质的影响。公司的治理结构越差，高管的超额收益越多，为此应加强上市公司高管交易信息披露的深度和准确度，拓展高管的认定范围，优化公司的治理结构，尽快完善约束高管交易行为的监管制度。

二、公司内部环境与高管交易行为

高管能够利用公司的各种内部信息进行交易获利，因此有效的公司治理可以约束高管的交易行为，促进证券市场的公平公正，保护中小投资者的利益，对公司融资予以保障。同时，法律也禁止管理层和大股东合力侵害小股东利益的行为。

Maug（2002）认为外部监管和公司内部监管需要协调运作，市场需要加强对于存在控股股东公司的高管交易的监管，防止公司股东和管理层勾结，进而操纵市场损害中小投资者的利益。有效的市场监管可以加大勾结成本，增强公司治理的有效性。Beny（2008）利用加拿大上市公司数据发现，那些跨国上市、规模较大、净资产市值与账面值比值大的公司会制定更多的高管交易限制政策。Bettis 等（2000）发现美国颁布限制高管交易的法案后，78% 的公司做出了比政府规定更严格的高管交易限制条例。公司的政策能够增加高管交易的成本，从而有效地遏制高管交易行为。自愿进行信息披露的公司中高管交易获利较少，公司发布信息期间禁止高管交易的公司中高管获利也较少。Barbedo 等（2010）将巴西的证券市场分为四类，发现不同种类市场中公司的治理水平存在差异，治理水平越高的公司，高管基于私有信息的交易行为越少。Cruces 和 Kawamura（2005）将样本拓宽至拉丁美洲 7 国的高管交易情况，发现投资者保护越好的国家，公司的高管交易频率越低。Fidrmuc 等（2006）通过研究英国的股权结构和高管交易市场反应之间的关系发现，英国比美国更及时的披露制度能够解释更多的市场异常收益，股权结构对高管超额收益有显著影响；同时，其研究还发现并购和高管换届之前的高管交易并没有太多的信息含量。

Gao 等（2014）发现履行社会责任比较好的公司中高管获利更少，其利用公司未来信息进行交易的可能性也更小。当高管的个人目标和公司的目标相一致时，企业社会责任履行和高管交易获利之间的负相关关系更加显著。Skaife 等（2013）发现内控披露差的公司中高管交易更容易获得高额收入，当公司内控质量变好时高管的获利也相应减少，审计师对于内控质量的评价能够影响高管交易的获利情况。Jaggi 和 Tsui（2007）利用香港的研究样本发现，独立董事比例的提升对于抑制高管交易获利有显著作用，但是这一作用在大家族控股的公司表现不明显。Ravina 和 Sapienza（2010）发现，独立董事也可以从股票交易中获利，当公司治理较差时甚至可以比高管交易获得更多收益；同时，审计委员会的成员也可以通过私有信息获利，实证结果表明他们会在公司会计重述之前卖掉持有的公司股份以避免更多的损失。Beneish 等（2002）则发现高管交易与公司的应计利润相关，前一年应计利润较多时高管会买入股票，反之则卖出股票；管理层存在操纵股价的行为，而外部投资者可以通过高管交易行为判断公司的经营状况。Hung 等（2003）利用东南亚国家的数据发现了相反的结论，东南亚的家族企业的集中控股和高管交易获利之间没有必然联系，只有部分垄断行业的家族企业的高管才能获得更多利润。陈作华（2015）利用 2009—2012 年沪深两市的高管交易数据检验内部控制质量与高管寻租的关系，研究发现内部控制质量与高管交易获取的超常收益存在显著的负相关关系，表明内部控制水平的提高可以有效降低高管与外部人之间的信息不对称，降低高管寻租的程度，有助于保护中小投资者的利益。周冬华等（2015a）发现高管交易会提高上市公司的融资约束程度。进一步的实证结果表明，相对于非董事会成员，董事会成员的交易行为会加剧公司融资约束程度；相对于国有企业，民营企业的高管交易对融资约束程度的加剧作用更加显著；分析师跟进有利于缓解高管交易与融资约束之间的正相关关系。李维安等（2013）针对创业板公司的研究表明，核心管理者的减持行为对公司成长性的负面影响显著，初始股权结构是影响处于成长期的创业板公司成长性的主要因素，创业板公司在严格的监管制度下形成被动合规，在股权高度集中的背景下董事会、监事会及其他内部治理机制的作用弱化，治理的有效性短时间内难以显现；嵌入企业生命周期变量后发现，随着公司的发展，独立董事和监事会的职能逐渐凸显，加强对核心管理者减持行为的监管和优化股权结构有利于提升公司成长性，而创业板公司治理的高起点、高合规性在未来将会成为创业板公司真正实现高成长的制度保障。

三、外部监督环境与高管交易行为

国外研究表明，高管在获得高额收益的同时也面临着声誉风险和诉讼风险。上市公司高管会主动择机交易，以降低风险，获取更高收益。已有研究表明，当高管有不当获利操作时，公司会遭遇声誉损失，公司股价出现明显下跌（Engelen，2012）。高管卖出股票的交易频率和高管的诉讼风险呈现显著的正相关关系（Johnson et al.，2000）。当高管交易引起外部投资者羊群效应时，高管将面临更大的诉讼风险和更严厉的监管。ITSFEA 实施后，上市公司高管更多选择在财报披露后进行交易，以减少被起诉的风险。Jagolinzer（2009）分析美国上市公司 1984—2000 年 17 年间的高管交易数据后发现，高管交易的特征发生了改变，更多高管选择在盈余消息公告后进行交易以降低诉讼风险，并且这种改变在市值大、分析师关注度高、机构投资者持股比例高、暂时性盈余较低的公司更为常见。

外部监督机制对高管交易行为起到重要的监督作用，分析师、媒体、审计师等市场参与者对于高管的关注也会改变高管的交易行为。Bushman 等（2005）通过对 100 个国家 1987—2000 年的数据进行实证研究发现，分析师追踪会导致公司对高管的交易行为进行限制，高管的信息优势会受到外部投资者关注的逐渐挤压，直至消失。当国家出台限制高管交易的法案以后，分析师对于公司的关注度提升，这种效应在发展中国家尤其显著，但是在发达国家，分析师关注度提升的效应不显著，说明投资者保护程度对于这种效应有削弱的作用。Chen 等（2013）发现当公司收到审计师持续关注的审计意见时，监管者会加强对公司的监管，投资者也更多地关注公司行为并引来相对较多的诉讼，能够增加高管的交易风险。进一步的实证研究发现，公司高管交易频率与得到持续关注意见负相关，当审计师更关注自身名声和诉讼风险或者审计师独立性更好时，这种负相关关系更显著。Richardson 等（2004）认为高管与分析师之间存在着一种互动关系。首先分析师做出乐观的盈利估计，然后不断调低他们的预期直到公司能够达到。通过检验这种调低达到预期的行为和盈余公告后高管买卖股票的相关性，他们发现，当公司或者高管需要纯粹的卖出自己公司股票的时候，这种下调趋势更加明显。这一研究成果为监督资本市场运作和了解高管和分析师之间的关系提供了新的视角。Acharya 等（2007）则发现高管交易行为对于信用衍生品市场的交易也有影响，并呼吁监管者加强对高管交易的监管；通过将高管交易行为量化并加入股票市场对于高管交易的反应因素，研究发现利用非公开信息的交易行为会增加信用违约掉期市场的信息含量。

周冬华等（2015b）的研究表明，发生高管交易并处于财务困境中的上市公司可能要求审计师签发更好的审计意见以降低被问责的可能性，财务困境类上市公司高管交易与持续经营审计意见显著负相关，审计师对上市公司经济依赖的程度越高，高管卖出交易与持续经营审计意见的负相关关系越显著。进一步，高管交易与持续经营审计意见的负相关主要体现在股权制衡度低、分析师跟进数量少及机构投资者持股比例低的上市公司，表明上述公司治理机制能够有效遏制财务困境类上市公司发生高管交易后胁迫审计师签发干净审计报告的行为。

四、高管交易行为对资本市场的影响

股票价格是不同投资者对于信息价值认知的集合体现。投资者拥有的信息越多，越能够准确判断出企业的真实价值和股票价格的差值并通过交易获利。上市公司的高管相比于外部投资者拥有巨大的信息优势，在信息的获得效率和加工能力上都显著优于外部投资者（Cohen et al.，2012）。高管利用信息优势更容易发现股价不合理的波动而提前交易，获得超额收益；同时，高管亲属交易不受法律法规禁售期限制，在交易次数和获得收益上均多于高管本身（曾庆生等，2012；曾庆生，2014）。

高管可以操控公司信息披露获得超额利润。关于高管交易及其市场反应一直都是学术研究的热点，目前主要的研究成果集中于高管交易对股票价格信息的有效性及股票市场的流动性和波动性的影响。

Manne（1966）认为高管交易是一种有效的信号传递机制，可以显著提高市场有效性，将公司的股价调节到真实水平，避免信息公布时带来股价的大幅震动，从而能够提高市场的运行效率。反对者则认为高管交易会引起市场的跟风效应，扰乱市场的定价机制，所以应当加大高管交易的监督和处罚力度。Glosten 等（1985）的研究发现高管频繁的交易行为会增大股票的买卖价差，损害股票市场的流动性，导致股票市场的价格波动变大。Cao 等（2004）通过研究美国股票市场 1995—1999 年 1 497 只股票在 IPO 锁定期满后高管的交易情况发现，锁定期后的高管交易可以获得超额利润，但是并没有损害股票的流动性。Karpoff 等（2010）发现，高管的短期交易行为可以纠正公司错误报告的内容，减少公司的股价膨胀，增加股价的真实性和有效性，使得公司股价更接近公司的真实价值。Meulbroek（1992）发现，市场可以准确识别高管交易的信息含量并如实反映到股价上，高管所能获得的超额收益大约在 3%，而当公司的信息透明度低、信息不确定性高的时候，高管的买入行为会获得市场投资者的正向反应并导致股票市场更大的不确定性。市场对于高管买入的反应与之前的盈余价差的改变有关，高管的买入交易信息有助于外部投资者解读公司之前发布的盈余公告并预测公司未来的发展业绩（Veenman，2011）。

Seyhun（1986）的实证结果表明，高管交易的数量与公司规模负相关，而问卷调查的结果指出机构投资者持股比例大的公司往往会出台限制高管交易的规定，在高管交易比较少的时间段里，公司的竞价差相对较小，从而证明限制高管交易有利于增加股票的流动性。Fishe 等（2004）发现，公司市场的交易价格和交易量随着高管交易的增加而减少，做市商能够减少市场的价差，但是高管交易对于市场的流动性有负向影响，专业的投资者更容易利用价差和信息进行获利交易。

随着国内高管交易的日益频繁，国内学者也开始关注高管交易行为对资本市场的影响。祝运海（2011）发现，我国的机构投资者会主动回避高管交易严重的公司，但是散户投资者更愿意追捧高管交易严重的公司并造成高管交易促进股票流动性的现象，最终得出高管交易损害散户利益的结论。曾庆生（2011）发现，我国上市公司的高管交易存在披露延迟现象，交易披露延迟时间的长短与交易方向、交易是否处于信息敏感期、公司流通股比例和交易规模相关；市场对于高管卖出股票给予负面评价而对买入股票的反应不显著，说明高管交易的市场反应不受信息延迟披露的影响。刘金星和宋理升（2015）的研究表明，绝大部分高管交易能够得到及时披露，高管交易信息披露的及时性与高管职位、交易数量、机构投资者的持股比例和法律环境正相关，与第一大股东持股比例、两职合一负相关，表明高管交易信息披露的及时性与公司的透明度存在很大的相关性。经过分样本检验发现，高管卖出股票的信息披露的及时性对信息含量具有显著的正面影响，高管买入股票的信息披露的及时性对其信息含量并不具有显著影响。吴战篪和李晓龙（2015）分析了高管的抛售行为对股价崩盘风险的作用机理，研究结果表明，高管中的大股东的抛售行为可能引发股价崩盘，但是股价崩盘并非由于高管隐藏了坏消息，而是由于大股东的抛售行为会增加其与外部投资者之间的利益分离，大幅增加不确定性，导致外部投资者压低股价以寻求风险补偿。但是高管抛售引发的不确定性上升并不能被机构投资者和分析师在基本面信息的搜集过程中预知；相反，一致预期的打破和机构投资者为应对不确定性上升的持股调整行为将会加大股价的崩盘风险。洪登永和俞红海（2009）的研究表明，无论从短期还是长期来看，高管的买入行为有显著的正向市场效应，而卖出行为具有显著的负向市场效应，并且交易量越大、日内交易次数越多，市场效应越强烈。肖浩（2015）通过研究发现，股价特质性波动与公司财务信息透明度负相关并与高管交易正相关，高管交易能够增强公司财务信息透明度与股价特质性波动的敏感性；进一步的研究结果表明，未披露的公司信息是导致股价特质性波动的重要信息来源，而高管交易则是信息向股价传递的重要途径。

当公司面临一些特殊事件时，高管交易会显著引起不同的市场反应。Hirschey 等（1989）发现，公司资产剥离信息公布前 6 个月内的高管交易行为能够影响市场对资产剥离信息的反应，当高管买入公司股票时，股票市场对公司的资产剥离有显著正反应，但是当高管卖出股票时，市场对于公司资产剥离效应的正反应减弱，说明高管交易会影响市场的定价功能，但是高管交易对市场的流动性和波动性的影响还没有定论。Babenko 等（2012）发现高管交易能够影响市场对于公司回购股票行为的判断。一般公司股票回购行为说明公司的价值被市场低估，但是市场中的噪声导致股票回购的真实动机受到投资者怀疑，高管买入行为会增强市场对于公司股票回购行为的相信程度，进而引起市场的追涨行为。Du 等（2004）利用跨国样本研究发现，高管交易越普遍的市场，股票的波动越剧烈，但关于高管交易行为对市场效率的影响还是难以得出一致性结论，所以各国市场通过法律法规趋利避害，期望在高管交易带来的股市损害降低的同时最大化高管交易的信号效应，使股价更接近公司的真实价值，增加股价的真实性。

部分研究着重关注高管是否在特殊事件前后操纵公司信息披露以获得超额收益。Huddart 等（2007b）发现，高管可以利用季度盈余报告公布的短窗口获得超过 5% 的超额收益，并且高管在报告公布后的交易行为更加显著。Piotroski 等（2005）用 1992—1999 年的长期跨度证实高管更善于发现公司的长期价值而不是短期价值，高管交易与企业未来的经营状况有显著的相关性。Beneish等（2012）发现，高管同样可以利用公司破产的信息进行盈余管理，提前交易避免损失。通过对 1983—1997 年间 462 家公司的调查发现，在向上的盈余管理之前高管已经开始卖出自己公司的股票以规避交易风险。Gosnell 等（1992）发现，公司破产前两年高管交易会变得非常活跃，卖出股票的次数和数量远大于一般公司。John 等（1990）发现，高管交易的发生与公司类型也有很大的关系，成长型、成熟型和衰退型的公司中的高管交易情况有很大的差别。公司股利、资本费用、股票发行、回购及证券市场结构变化等方面的公告对高管交易也会有影响。Seyhun（1990）通过研究 1987 年 10 月美国股市崩盘期间的兼并重组案例发现，高管对公司的价值有正确的评价，并且会利用市场的错误预期获利。Penman（1982）利用资本资产定价模型分析了高管利用盈余公告预测进行交易获利的能力，实证结果证明高管的超额收益与交易数量显著正相关，但是高管交易与管理层业绩预测之间却没有类似关系。

第四节　文献述评

本章通过对薪酬契约激励效果和高管交易动机、交易环境及其影响的文献回顾，发现薪酬契约可能会通过影响高管行为选择影响企业的投融资和治理决策，进而影响企业最终的会计绩效和市场绩效。高管行为是薪酬契约实现激励效果的重要一环。高管交易行为是高管的直接行为表现，高管交易的内外部环境对高管交易行为能够起到显著的影响，薪酬契约在不同环境中的激励效果可能存在差异。具体的文献汇总分析如表 2 - 1 所示。

本章通过对薪酬契约激励效应、高管交易动机及获利原因、高管交易环境及其影响三方面文献的梳理，发现存在以下研究空间。

表 2 - 1　研究文献分类统计表

研究内容	内容分类		代表性文章	不足之处
薪酬契约对高管的激励效应	薪酬水平	正向激励	Nourayi et al.（2008）	（1）以企业绩效间接度量薪酬激励效果，易受环境因素影响
		负向激励	朱德胜和岳丽君（2004）	（2）薪酬结构对高管激励效果影响的文献不足
	内部差距	正向激励	俞震和冯巧根（2010）	
		负向激励	张正堂（2008）	
	外部差距	混合激励	步丹璐 等（2010）	
高管交易行为	交易动机	获利动机	Marin 和 Olivier（2008）	（3）针对高管个人交易行为的研究较多，针对高管团队交易行为的研究不足
		流动机	Gregory et al.（2010）	
	获利原因	私有信息	Aboody et al.（2005）	
		管理经验	Alldredge 和 Cicero（2015）	
	交易环境	法律法规	Jayaraman（2012）	（4）制度环境对薪酬契约实施效果的影响考虑不足，研究时需区分不同环境的影响
		内部治理	Kyle（1985）	
		外部监督	Chen et al.（2013）	
	交易影响	资本市场	吴战篪和李晓龙（2015）	

（1）直接研究薪酬契约对高管交易效应的文章较少，大部分文献都是从静态的角度研究薪酬契约对公司业绩的影响，从而间接推断薪酬水平对于高管行为的影响。本书将从多个维度探索薪酬水平、内外部薪酬差距对于高管交易行为的影响，能够直接检验薪酬契约的不同层面对于高管交易行为影响的途径和机理，从而有助深入了解薪酬契约对高管的激励效果和高管交易的动机。

（2）现有的大部分文献集中于研究高管薪酬水平对高管交易行为的影响，而忽略了薪酬差距对于高管心理和行为的影响。随着信息科技的不断进步，人们所处的关系网快速形成并扩大，信息交流效率得到有效提升，高管间薪酬的攀比也日益平常。此时，高管对于薪酬的满足感不仅来源于薪酬水平的高低，更来源于薪酬差距产生的公平感和满足感。本书将借助前景理论和参照点理论解释薪酬差距对高管交易行为的影响，有助于深入了解高管交易行为的动机和交易特征，从而能够有针对性地出台措施，减少高管利用公司内部信息侵害股东利益的交易行为。

（3）现有的大部分文献集中于高管个人交易行为的影响因素研究，但是关于高管团队的交易行为表现及动机的研究较少。高管团队的交易行为是高管团队内个人交易行为的综合表现，同时团队内高管个人的交易行为可能会产生羊群效应，引起团队其他高管交易的连锁反应。团队内高管成员频繁的交易行为可能会影响高管团队间的协作和决策能力，所以研究薪酬契约对于高管团队交易行为的效应对检验公司薪酬体系对高管团队的整体激励效用具有重要的实践意义。

（4）现有的研究文献对制度环境对于薪酬契约实施有效性的影响考虑不足。不同的法律环境、市场化发展程度和社会人才的流动环境都会对薪酬契约的激励效果产生影响。本书将宏观的制度环境引入薪酬契约激励效果的研究，通过实证检验不同制度环境对薪酬契约对高管交易获利能力和交易规模影响的调节作用，将宏观因素和微观因素相结合，研究制度环境对薪酬契约有效性的影响，为我国处在不同制度环境中的公司薪酬制定提供建议。

第三章

薪酬契约对高管交易效应的机理研究

　　本章构建薪酬体系影响高管交易的作用机理，分析表明高管努力程度、内外部薪酬差距、公司内外部治理环境共同决定高管的隐性薪酬期望，将隐性薪酬期望和现实薪酬水平代入激励相容模型分析，从而解释了高管交易行为选择。首先，本章运用委托代理理论和信息不对称理论创建股东与高管间的理论薪酬均衡点，阐述高管努力程度和薪酬水平之间的关系，并讨论薪酬偏离均衡点和均衡点移动时高管的行为选择，从而揭示了薪酬水平对高管交易行为的影响路径和作用机理。其次，本章利用锦标赛理论和行为理论，构建薪酬体系影响高管交易行为的薪酬水平、内部薪酬差距和外部薪酬差距"三维一体"整体分析框架，研究高管个人和团队薪酬坐标移动对于高管交易选择的影响，从而揭示薪酬水平和薪酬结构对高管交易的作用机理。最后，本章利用人力资本理论和经理人市场理论，引入制度环境因素构建股东和高管间的动态博弈模型，分析高管交易行为选择的成本收益约束条件，探究在其他条件不变情况下薪酬体系变化对高管交易收益和成本的影响，从而揭示了制度环境对薪酬契约实施有效性的调节作用。本章的理论分析为后续的实证研究奠定了理论基础。

第一节　薪酬契约对高管交易效应的理论基础

一、委托代理理论和信息不对称理论

委托代理理论和信息不对称理论主要用来解释薪酬水平对高管交易的影响。

股份公司是证券市场形成的基础。随着经济日益发展，公司股东构成的多元化和经营业务的复杂性促成了所有权和经营权的分离。企业可以视为一系列契约的联合（Jensen et al.，1976），股东赋予经理层掌握公司资源的权力，经理层在契约制约下代表股东利益进行公司运营并获取相应的报酬。在实施契约的过程中，股东将有形资产和无形资产注入公司，并取得对公司剩余价值的索取权，而公司管理层以人力资本投入企业运营并获得相应的报酬，形成公司组织经营的基本形式。由于股东将决策权让渡给公司管理层，使得管理层也拥有了公司人力资源与资本资源的剩余控制权（谢德仁，2002），而股东无法对管理层的人力资本投入进行直接、全面的监督，因此产生了委托代理问题，即股东与管理层的利益存在不一致性。管理层可能会牺牲公司的利益来满足自身利益最大化的需求。当股东的监督成本较大，无法对高管交易行为形成有效监督时，高管就会为了追求私利而利用自己掌握的公司内部经营信息进行交易获利（Denis et al.，2013），最终导致股价的不正常波动和公司声誉的损失。

薪酬契约是解决股东与管理层利益不一致问题的重要途径，其中货币薪酬、在职消费、政治晋升、高管交易都是薪酬契约的不同表现形式（陈冬华 等，2010）。高管交易行为可以认为是高管在公司对其激励不足时的自我激励行为。部分学者认为，相比于高管交易，货币薪酬的制定往往需要大量的前期调查成本和与管理层的谈判成本，可能会导致公司逆向选择的风险；同时，货币薪酬契约的制定容易受到外部经济的冲击，其调节往往具有滞后性，不能及时反映管理层经营公司所付出的努力，可能造成管理层的消极怠工行为（罗宏 等，2016）。相比于货币薪酬的激励形式，高管交易省去了股东前期巨额的调查和谈判成本，但是要求股东事后付出一定的监督成本。因此，高管交易被认为是货币薪酬契约的补充形式，公司允许高管交易是公司解决委托代理问题、减少代理成本、对经理层进行多重薪酬激励的重要方式之一（黎文靖 等，2014）。

信息不对称与现代经济生活的基础——社会分工与专业化息息相关。由于经济发展的需要，行业被不断细分，本行业的劳动者掌握的本行业信息要多于其他行业劳动者对行业信息的了解（林木西，2014）。在专业化程度不高的低级社会中，信息不对称的现象不明显，但随着经济发展，社会分工日益细化，不同行业间的信息差别增大，信息不对称性程度逐步增高并最终产生信息垄断。

从信息不对称的角度来看高管交易行为，可以分为两个层次。一方面，企业是股东和管理层通过契约组合而成，股东出资金资本，管理层出人力资本，专业分工的不同导致了股东和管理层之间的信息不对称。上市公司的管理层对公司的资产使用、运营和管理有绝对的控制权，拥有公司未来战略选择的决策权，成为公司信息的生产者、传递者和披露者。在信息传递的环节上，高管相比于股东和外部投资者，往往能接触完整的公司运营信息，并且由于公司层级制信息传递的特殊性，高管获得企业经营的信息成本极低，拥有信息垄断优势（盛明泉 等，2016），在与股东商定薪酬契约时拥有信息优势。同时，由于监督高管努力程

度的成本较高，股东往往在信息不完全的情况下与高管签订薪酬
合约。公司经营不善时，高管往往将其归因于企业经营环境等外
部因素，而企业获利时，高管往往将其归功于自身的努力。当高
管发现货币薪酬契约不能满足自己的努力所得时，高管交易行为
则是他们进行自我激励的必然选择，并得到薪酬契约激励不足的
合理性辩护（缪毅 等，2016）。信息不对称是股东无法有效监督
和管制高管交易行为的重要原因。当股东禁止高管交易行为时，
往往需要付出更多的货币薪酬补偿（Ryan et al.，2015）。

股票市场信息广泛地分散于每个市场参与者的活动之中，市
场参与者一方面生产市场信息，另一方面又在观察和传播价格信
息，每个参与者都以利润最大化为目的，价格调节着不同市场参
与者的行动，不同交易者之间的信息拥有数量和质量间存在着不
对称（Schwartz，2001）。公司的管理层是公司经营信息的第一接
触者，信息来源可靠，搜寻成本较低。高管可以通过掌握的信息
准确判断出市场估值错误，从而通过反向交易获利。高管在自身
利益的诉求下，以自身经济利益最大化为目标，在与外部投资者
存在信息不对称的情况下通过交易获利是高管参与股票交易的必
然结果。

二、锦标赛理论和行为理论

锦标赛理论和行为理论主要用来解释薪酬结构对高管交易的
影响。

薪酬结构主要包含高管团队的内部薪酬差距和外部薪酬差
距。传统的经济学理论认为管理者的薪酬水平是由边际产出所决
定的，管理者的薪酬和边际产出应该呈现出某种固定的函数关
系，所以管理者的薪酬分布是连续的。但是，现实中管理者的薪
酬水平随着职位的晋升而发生阶梯式跳跃，因此难以用传统的经
济学理论解释。锦标赛理论将职位晋升比作锦标赛，将对应的职

位薪酬作为锦标赛获胜者的奖励，将管理者看作锦标赛竞争中的参与者。锦标赛中的获胜者能够得到所有的奖励，从而解释了管理者薪酬跳跃式分布的现象（Lin et al.，2013）。锦标赛理论认为合理的职位晋升回报能够增加职位对于下级高管的吸引力，从而提高下级高管的工作积极性，因此薪酬差距的扩大能够提高管理者的努力水平，降低代理成本，提高企业绩效；同时，薪酬差距应随着代理人数量的增加和组织层级的提升而增加，从而能够产生更好的激励效果。

监控成本也是锦标赛理论得以应用的重要原因。随着经济快速发展和企业间分工协作日益复杂，依靠代理人的边际贡献做出晋升决策变得不具有可行性，股东的监控成本较高、监控缺失，导致代理人不作为的倾向加剧（Mustapha et al.，2013），而依据锦标赛理论制定的薪酬结构能够减少监控成本，管理者薪酬取决于其边际产出的排序而非具体的边际产出值，排序度量更加简单。一方面，基于排序的薪酬差距能够促进基层管理者参与竞争以获取职位晋升，加强管理者的努力程度，从而制造一种持续的激励机制；另一方面，高层的管理者时刻受到低层管理者的竞争威胁，为了维护职位需要提升现有业绩，从而实现薪酬契约对高管个人和高管团队的激励。

行为理论认为高管不仅会将自身经营企业的付出和薪酬回报做比较，还会将个人薪酬同其他层级的管理人员的薪酬做比较。高管的行为受到参照点效应的影响，即高管在进行交易行为决策时不仅考虑自身的薪酬水平，还关注公司内其他高管的薪酬（Hillier et al.，2015）。当高管薪酬高于公司内高管的平均薪酬的参照点时，高管的行为可能更符合"确定效应"，即满足已获得的确定的收益，从而减少利用信息优势的交易，避免交易所带来的声誉风险和诉讼风险，其行为符合风险厌恶特征。而当高管薪酬低于公司内平均薪酬的参照点时，高管的行为可能更符合"反射效应"，即在确定的损失（薪酬低于参照点）和交易获利中选择利用私有信息的交易行为，以期弥补确定的损失，其交易行为符合风险喜好特征。因此，在比较过程中，如果管理者认为自己的劳动付出与薪酬不匹配，就会产生被剥削的感觉，此时高管的行为会符合"反射效应"，可能导致高管消极怠工，甚至利用企业内部信息为自己谋利的交易行为（徐细雄 等，2014）。

高管团队作为企业经营的核心，掌握了大量的公司内部信息。当团队内的薪酬差距增大时，高管团队成员间的竞争压力增大，高管会减少与其他高管的合作，甚至可能从事政治阴谋构陷其他高管，阻止董事会获得不利于自己的信息，通过抨击其他高管来美化自己，而非通过提升努力程度来提升企业绩效。此时，薪酬差距对高管团队产生负向激励，引起高管团队内部的不公平感，可能导致高管利用公司内部信息的交易行为加剧。

三、人力资本理论和经理人市场理论

人力资本理论和经理人市场理论主要用来解释公司内外部治理环境对薪酬激励效果的影响。

随着知识经济的兴起，高管的知识技能和管理能力在企业生产中发挥着日益重要的作用，逐渐成为企业业绩增长的动力和源泉。企业的高层管理者是一种特殊的人力资本。高管并不是企业物质资源的所有者，但是拥有对企业物质资源的使用和支配权。高管的管理能力和前瞻性的判断直接决定现代企业的生存和发展，是企业重要的战略资本。高管作为企业的人力资本具有以下几个特性。

（1）专用性。人力资本只存在于人力资本所有者的体内，其他主体无法占有。

（2）稀缺性。由于人的精力有限，无法像其他资本一样可以无限扩张，所以对于人力资本的使用和争夺是企业生存发展的重要保障。

（3）增值性。高管参与公司经营的时间越长，对公司的经营模式和经营状况越了解，从而能够做出更加符合企业实际情况的经营决策；同时，高管具有很强的学习能力，能够在企业经营中积累经验，完善自身的知识体系，从而使得自身的管理艺术和经营能力不断提升，所以留住、吸引并激励有经验的高管是企业经营面临的首要问题。

经理人市场在薪酬差距激励效应中发挥着重要作用（郭雪萌等，2016）。规范的经理人市场包含有效的流动机制和声誉机制（Milbourn，2003）。有效的流动机制表明公司内部的晋升渠道透明，晋升标准清晰，同时高管在不同公司间的流动并不会遇到太多障碍，高管可以通过长期的努力获得职位晋升，从而在经理人市场上获得更多的报酬以弥补其付出的努力。而当流动机制遭到破坏时，高管的努力可能并不能得到董事会的认可，使其难以获得更高的职位，同时企业间信息透明度低，职位的转换成本高，高管的努力不能得到同行的认可，此时高管更容易产生不满的情绪（黎文靖 等，2012），导致其更倾向于利用公司的私有信息在股票市场上交易获利，以此修正自身努力与薪酬不匹配所带来的不公平感。

有效的声誉机制表明公司内外部的经理人市场能够对高管的业绩做出公平公正的评价，并对高管的行为进行激励监督（Ertimur et al.，2012）。在信息透明、信息传递效率高的经理人市场中，高管可以通过增加努力程度来提高企业业绩，以建立声誉，并通过长期努力在企业持续经营发展中积累自己的声誉。声誉积累有助于高管在经理人市场中获得更高的职位和报酬，同行业的公司会给予声誉好的高管更丰厚的薪酬待遇以挖掘管理人才，而公司的董事会为了留住高管也会提升其薪酬待遇。同时，下层高管声誉的提升也会增加团队内高层高管被替换的风险（Helm，2013），激励高层高管更加努力工作以积累自己的声誉。此时，薪酬差距更多地表现为正向的激励效应，而利用公司私有信息交易的行为会损害高管的声誉，影响高管未来长期的职位和薪酬的提升，所以当市场声誉机制有效时，薪酬差距带来的收益能够弥补高管努力的付出，高管会着眼于自身长期的发展，减少利用公司私有信息获利的行为，以维护自身的声誉，促进声誉的积累。但是，当经理人市场的声誉机制无效时，高管的声誉累积并不能带来薪酬待遇的提升，公司内部和企业间的经理人市场流动性不足使得高管不会面临被解聘的危险，高管无需承担交易行为所带来的声誉损失后果，同时利用私有信息的交易行为能够为高管带来薪酬外的利益。此时，高管会增加利用公司私有信息的交易行为以谋取更多的收益，薪酬差距可能对高管产生负向的激励作用。上述分析表明，经理人市场有效性的提升能够增加薪酬差距的激励作用，减少高管的交易行为。

第二节　薪酬契约对高管交易效应的 理论分析框架

一、隐性薪酬期望

高管努力程度、薪酬内外部差距、公司内外部治理环境是薪酬契约作用于高管交易的三个基本因素。其中，高管努力程度主要考虑股东和高管在委托代理理论和信息不对称理论条件下，通过股东利益最大化和经理人效用最大化的激励相容模型来确定高管薪酬水平；薪酬内外部差距主要考虑公司内部的和外部的高管薪酬差距，在锦标赛理论和行为理论条件下，基于效率的工资激励和基于参考点的公平激励综合确定了高管对薪酬水平的期望调整值；公司内外部治理环境主要考虑在人力资本理论和经理人市场理论条件下，法律环境、公司治理水平、区域市场化程度、分析师追踪等内外部治理机制或制度环境对薪酬水平的期望调整值。

　　高管努力程度是高管自己可以观察的隐含变量，而薪酬内外部差距和公司内外部治理环境则是股东和高管都可以观察到的显性变量；高管努力程度可以通过激励相容的薪酬体系设计实现最优化，而薪酬内外部差距和公司内外部治理环境却是通过作用于高管努力程度，共同决定了高管的隐性薪酬期望，如图 3 – 1 所示。

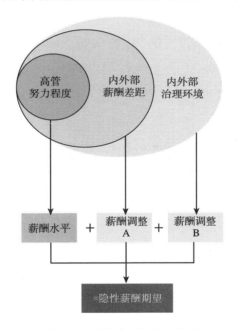

图 3 – 1　隐性薪酬期望示意图

　　从图 3 – 1 中可以看出，按照委托代理理论和信息不对称理论条件下的激励相容模型设计，由于没有考虑内外部薪酬差距和内外部治理环境的影响，高管努力程度只是决定了薪酬水平，而由于行为理论的锚定效应和参照点效应的作用，内外部薪酬差距会对薪酬水平产生一个薪酬调整 A，内外部治理环境又会进一步产生一个薪酬调整 B。这样，隐性薪酬期望就可以表达为：

隐性薪酬期望 = 薪酬水平 + 薪酬调整 A + 薪酬调整 B

二、高管交易行为选择

薪酬体系影响高管交易的作用机制是高管努力程度、内外部薪酬差距、公司内外部治理环境共同决定了高管的隐性薪酬期望，将隐性薪酬期望和现实薪酬水平代入激励相容模型分析，从而解释了高管交易行为选择，如图 3-2 所示。

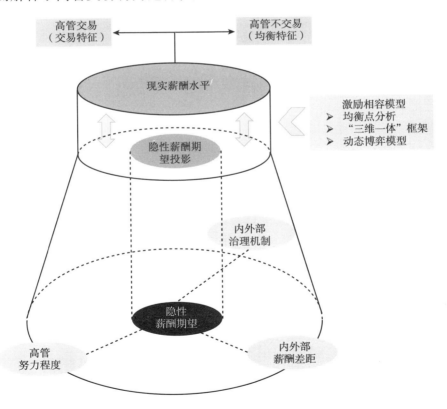

图 3-2　薪酬体系影响高管交易的机理示意图

从图 3 - 2 可以看出，高管努力程度、内外部薪酬差距、公司内外部治理环境共同决定了高管的隐性薪酬期望。该隐性薪酬期望会投影到激励相容模型之中，并可通过薪酬水平、薪酬结构和制度环境对高管交易的作用机理进行传导。将隐性薪酬期望与现实薪酬水平代入激励相容模型，可能得到两种高管交易行为后果：若其他条件不变，当现实薪酬水平低于隐性薪酬期望时，高管选择交易行为；若其他条件不变，当现实薪酬水平高于或等于隐性薪酬期望时，高管取消交易行为。

第三节　薪酬水平对高管交易效应的机理分析

一、薪酬博弈均衡点与高管的交易行为选择

1. 薪酬均衡点的存在性

随着经济的快速发展，企业经营的专业化程度日益加深，出现了企业所有权和经营权相分离的局面。Jensen 和 Meckling（1976）提出的委托代理理论解释了现代企业经营模式，其隐含 4 个假设条件：① 委托人不参与或较少参与企业的经营决策，与代理人之间存在信息不对称；② 代理人拥有公司的内部信息，代理人的行为不易被直接观测到；③ 代理人是理性"经济人"，在收益大于成本时会追求自身利益最大化；④ 委托人是理性"经济人"，在成本大于收益时会调整策略，使得自身利益最大化。基于上述假设，代理人和委托人的经济利益存在不一致，代理人可能存在损害委托人利益的自利性行为，而委托人需要根据观测到的代理人的行为制定合理的奖惩机制，以激励代理人采取委托人利益最大化的行为。

高管作为企业经营的代理人，与委托人之间存在利益不一致，薪酬激励机制的核心是在委托－代理框架下寻找最优激励契约，以提高代理人的努力水平，实现委托人利益的最大化。从企业的角度看，高管是重要的劳动资本，而劳动资本是决定企业价值产出的重要因素；同时，薪酬作为对高管劳动的回报，是企业管理费用重要组成部分。图 3－3 是委托－代理框架下高管的薪酬水平与高管的劳动力付出之间的关系，其中纵轴是高管的薪酬水平，横轴是高管的劳动力付出。$S(Q)$ 是高管的劳动力供给曲线。由于高管劳动力的有限性，随着高管劳动力付出的增加，高管所要求的薪酬回报加速上涨，即 $dS(Q)/dQ > 0$。$D(Q)$ 是公司的劳动力需求曲线。对于公司来说，第一单位的劳动力供给能够为公司产生最大的收益，而随着劳动力供给的增多，劳动力的边际贡献率（contribution margin ratio）下降，公司愿意付出的薪酬加速下降，即 $dD(Q)/dQ < 0$。分析图 3－3 可以看出，高管的劳动力供给和公司的劳动力需求存在唯一的均衡点 O^*，此时对应的 P^* 即为公司的最优薪酬契约，Q^* 为最优薪酬契约下高管的劳动力付出，即当高管的努力程度为 Q^*、公司给予高管的薪酬水平为 P^* 时，在公司给定的支付曲线下，高管对薪酬的满意度最高。在这样的情况下，公司的薪酬水平能够满足高管的劳动力付出，薪酬激励能够对高管产生激励作用，因此高管会因声誉风险和诉讼风险减少利用私有信息的交易行为。

2. 薪酬均衡点的经济含义

图 3－3 表明了薪酬均衡点的存在性。本节进一步探索高管劳动力付出程度和公司的成本、收益及利润的变化。图 3－4 是公司的成本、收益及利润与高管劳动力付出之间的关系图，其中TC(Q) 为公司总成本曲线，TR(Q) 为公司总收益曲线。当 $Q < Q_1$ 时，公司为了招聘高管需要花费事前的广告成本和调研成本，同时高管的劳动力付出为公司带来的收益迅速增长，但是公司的收益增长仍然

无法弥补前期的招聘成本，所以有 TC > TR。当 $Q_1 < Q < Q_2$ 时，高管的劳动力付出为公司带来的收益大于公司招聘高管花费的成本，此时高管为公司带来了利润，并且当高管的劳动力付出为 Q^* 时，公司获得的收益与成本之差最大，即公司在薪酬均衡点时能够获得最大的利润。当 $Q > Q_2$ 时，高管的劳动力付出大于公司的需求，公司为满足高管薪酬期望的薪酬导致公司的运营成本提升，高管为公司带来的收益小于公司的薪酬支出，所以有 TC > TR。

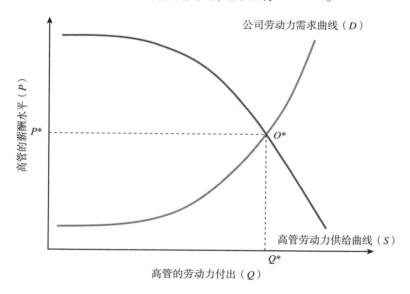

图 3 - 3　委托 - 代理框架下高管的薪酬水平与高管的劳动力付出之间关系

图 3 - 4 中公司的利润等于公司收益与成本的差值。由图 3 - 4可以看出，公司的利润是一个先上升后下降的倒 U 形。在均衡点 Q^* 时，高管劳动力付出的边际收益等于公司高管的边际成本（MR = MC），此时公司的利润最大 [Max(TR - TC)]。其后，随着雇佣高管成本的快速上升，公司总收益和总成本之间的差值不断减少，公司利润下滑。当 $Q = Q_2$ 时，公司利润降为 0；当 $Q > Q_2$ 时，公司雇佣高管的成本大于公司的收益，公司的利润为负。

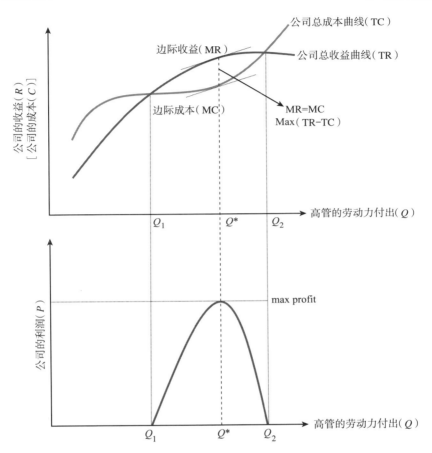

图 3 - 4　公司的成本、收益及利润与高管劳动力付出之间的关系

二、薪酬偏离均衡点时高管的交易行为选择

上述分析表明，薪酬水平与高管劳动力付出存在均衡点 (P^*, Q^*)，当高管劳动力为付出 Q^*、薪酬水平为 P^* 时，公司从高管劳动力付出中获得的利润最高，此时薪酬水平与高管的努力程度相匹配，高管对薪酬水平满意，不会产生利用私有信息的交易行为。

本部分将讨论薪酬水平和高管劳动力付出偏离均衡点时高管的交易行为选择。具体来说，将分别讨论薪酬支付不足（$P <$

P^*)、"高薪养廉"（$P > P^*$）、超时工作（$Q > Q^*$）情形下高管薪酬水平与高管劳动力付出的关系，并探讨在何种情况下薪酬契约可能会导致高管交易行为的发生。

1. 薪酬支付不足（$P < P^*$）

薪酬支付不足指公司受到政策法规或者外部投资者的影响对高管的最高薪酬进行限制。限薪制度下公司可能存在高管激励不足的问题，即公司支付给高管的薪酬水平 P 小于薪酬均衡点 P^*。由图 3 – 5 可以看出，高管的最优薪酬激励和劳动力付出为 P^* 和 Q^*。在最优薪酬契约下公司获得的高管劳动力剩余价值为 $B_{FIRM} = S_{\triangle AP^*O^*}$，高管获得的剩余价值为 $B_{TMT} = S_{\triangle BP^*O^*}$，公司整体获得的价值为 $B_{TOTAL} = B_{FIRM} + B_{TMT} = S_{\triangle ABO^*}$。当公司所能支付的最高薪酬为 P_1 时，高管的最优劳动力付出为 Q_3，对于公司而言，此时获得的高管劳动力剩余价值为 $B_{FIRM} = S_{AP_1FC}$，相比于最优薪酬时增加 $\Delta B_{FIRM} = S_{AP_1FC} - S_{\triangle AP^*O^*} = S_{P^*P_1FE} - S_{\triangle CEO^*}$，表明当高管薪酬偏离最优薪酬较少时，$S_{P^*P_1FE} > S_{\triangle CEO^*}$，公司可以在限薪中从高管处获得更多的收益。但是，当高管薪酬偏离最优薪酬时，$S_{P^*P_1FE} < S_{\triangle CEO^*}$，公司并不能在限薪中从高管处获得更多的收益。对于高管而言，限薪后获得的剩余价值为 $B_{TMT} = S_{\triangle P_1BF}$，相比于最优薪酬时减少 $\Delta B_{TMT} = S_{\triangle P_1BF} - S_{\triangle BP^*O^*} = -S_{P^*P_1O^*F}$，此时公司的整体得利增加值为 $\Delta B_{TOTAL} = \Delta B_{FIRM} + \Delta B_{TMT} = S_{P^*P_1FE} - S_{\triangle CEO^*} - S_{P^*P_1O^*F} = -S_{\triangle CFO^*}$，对应到公司收益成本图表明，限薪后高管的劳动力付出不足，导致公司的总收益从 I 点降到 K 点，同时公司的总成本从 J 点降到 L 点，公司总收益的下降幅度更大，导致企业利润从 Y 点降到 V 点，降幅为 UV。上述分析表明，薪酬支付不足可能使得高管的薪酬激励不足，当高管薪酬低于薪酬最优点时，高管的努力程度下降，导致企业整体利润下滑。

薪酬支付不足时，高管的努力程度下降，导致公司从高管付出中获得的利润减少。此时，若公司通过规章制度强制提高高管的努力程度，高管的隐性薪酬期望上升，但由于薪酬限制使得薪酬水平无法满足高管的隐性薪酬期望时，高管会对薪酬水平不满，从而导致高管利用私有信息进行交易获得额外收益行为的动机加强。

2. "高薪养廉"（$P > P^*$）

"高薪养廉"即公司给予高管超过劳动力付出的薪酬，从而使高管为了保住职位减少自利性行为。"高薪养廉"即公司薪酬支付 P 大于薪酬均衡点 P^*，存在薪酬过分激励的问题。由图 3-5 可得，当公司给予高管的薪酬为 P_2 时，高管对应的劳动力付出为 Q_4。对于公司而言，此时的高管劳动力成本为 $S_{OP_2GQ_4}$，高管的劳动力收益为 S_{OAHQ_4}，则公司从高管处获得的收益改变量为 $B_{FIRM} = S_{OAHQ_4} - S_{OP_2GQ_4} = S_{\triangle AP_2C} - S_{\triangle CGH}$。相比于高管的最优薪酬契约，公司在此情况下的收益损失为 $\Delta B_{FIRM} = S_{\triangle AP_2C} - S_{\triangle CGH} - S_{\triangle AP^*Q^*} = -S_{P_2P^*O^*C} - S_{\triangle CGH}$。由此可知，在"高薪养廉"的模式下，公司在高管薪酬方面面临着更大的成本。对于高管而言，高管的劳动力成本为 S_{BOQ_4G}，高管的劳动力所得为 $S_{P_2OQ_4G}$，即高管的劳动力剩余为 $S_{\triangle P_2BG}$，高管相比于最优薪酬契约时的收益为 $\Delta B_{TMT} = S_{\triangle P_2BG} - S_{\triangle P^*BO^*} = S_{P_2P^*O^*G}$，此时公司整体利益增加值 $\Delta B_{TOTAL} = \Delta B_{FIRM} + \Delta B_{TMT} = -S_{P_2P^*O^*C} - S_{\triangle CGH} + S_{P_2P^*O^*G} = S_{\triangle GO^*H}$，表明"高薪养廉"模式下公司的整体收益损失。结合公司收益成本图可以发现，公司提高薪酬后公司的总收益从 I 点增加到 M 点，公司的总成本从 J 点增加到 N 点，公司总成本的上升程度更快，导致公司的利润从 Y 点减少到 X 点，利润损失为 WX。上述分析表明，公司采取"高薪养廉"的方式能够增加高管的努力程度，虽然高管由于高薪不会产生交易行为，但是公司会产生过度激励的问题，公司给予高管的薪酬水平过高，导致公司整体利润下降。

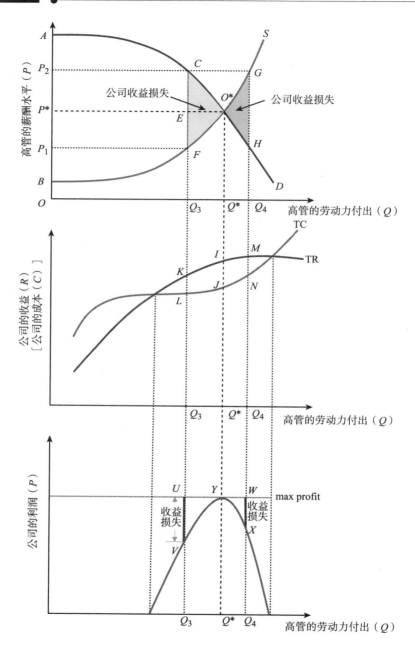

图 3 – 5　薪酬偏离均衡点时公司收益与高管收益之间的关系

3. 超时工作（$Q > Q^*$）

高管作为公司的管理人员，其上班时间比较固定，当公司任务难以在规定的时间内完成时，公司可能要求高管利用自己的休息时间工作，导致超时工作的产生，即工作时间 Q 大于均衡点 Q^*。图 3-6 是超时工作情况下高管薪酬水平与高管劳动力付出之间的关系。假设公司需求的最优高管劳动力付出为 Q^*，但是公司要求高管付出的劳动力为 Q_5，此时对于高管而言其超过 Q^* 后的劳动成本为 $S_{AO \cdot Q \cdot Q_5}$，超过 Q^* 后高管的劳动收益为 $S_{O \cdot Q \cdot Q_5 B}$，高管总的收益为 $S_{O \cdot Q \cdot Q_5 B} - S_{AO \cdot Q \cdot Q_5} = -S_{\triangle AO \cdot B}$，即超时工作会给高管带来损失。由于高管是理性经济人，故此时高管一方面会采取消极怠工的方法使得真实的劳动力付出从 Q_5 减少到 Q^*；另一方面高管可能会产生利用公司私有信息交易获利的行为来弥补超时工作带来的损失，即当薪酬契约激励不能满足高管努力的付出时，高管会产生利用私有信息交易获利的动机。

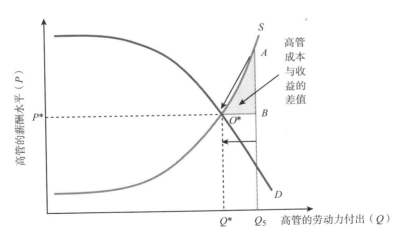

图 3-6 超时工作情况下高管薪酬水平与高管劳动力付出之间的关系

三、薪酬均衡点移动时高管的交易行为选择

随着经济的发展，公司面临的经济形势日趋复杂，高管需要提高经营的努力程度，同时对薪酬水平的期望也会改变。图 3 – 7 是经济发展时高管薪酬水平与高管劳动力付出之间的关系图。对于高管来说，随着经济水平的发展，高管面临的生活成本不断提高，同时高管有更多的物质需求需要满足，此时高管会要求更高的单位劳动力回报，导致劳动力供给曲线 S_1 平移到 S_2 的位置。对于公司来说，随着经济水平的发展，社会的全要素生产率提高，高管的单位劳动力付出能够为企业带来更大的价值，所以企业有意愿提高高管劳动力付出的报酬，故劳动力需求曲线 D_1 平移到 D_2 处。此时 S_2 和 D_2 的新的交点（P^{**}，O^{**}）即为高管薪酬水平与劳动力付出的新的平衡点。由于 $P^{**} > P^*$，表明经济发展时公司需要提高高管的薪酬以更好地激励高管。当公司高管的薪酬调整不足或调整过度时，会出现图 3 – 5 中的情况，导致公司利润无法达到最优水平，引起公司利润的损失。而当经济处在下滑期时，公司需要及时向下调整高管的薪酬水平，使得高管薪酬水平达到新的均衡，从而使得公司利润最大化。调整不足或调整过度同样会引起公司利润的损失。图 3 – 7 反映的是高管薪酬水平与其劳动力付出的动态调整，即随着经济环境的变化，公司需要及时调整高管薪酬，使其达到最优的薪酬水平。

本部分借助理论分析构建了薪酬水平与高管努力程度的均衡点，并借助几何图形解析和讨论薪酬水平偏离均衡点和均衡点移动时高管不同的行为选择。研究得到以下命题：①薪酬激励不足和薪酬激励过度都会导致公司成本的上升和利润的损失；②薪酬收益不能满足高管劳动力付出时会导致高管消极怠工和利用私有信息交易获利的动机加强；③经济环境的改变需要公司动态调整高管薪酬，否则会导致薪酬激励与高管劳动力付出的不匹配。进

一步，结合我国的实际情况发现，我国的工资总额占GDP的比例为12%，而国外发达国家这一比例高达50%~60%，世界的平均水平约为40%，表明我国的经济增长红利大部分为资本所得，而人力资本收益偏低。由此可以推断，"高薪养廉"模式在我国上市公司中很少发生，即上市公司高管面临的主要问题是薪酬激励不足导致的企业利润损失；同时，企业固定上班时间和过量日常事务导致高管劳动力付出大于其薪酬回报，此时高管有强烈的利用私有信息交易以弥补劳动力付出的动机。另外，随着经济水平的发展，公司并不能及时调整高管薪酬，导致高管薪酬与劳动力付出不匹配，这可能进一步加剧高管利用私有信息的交易行为。

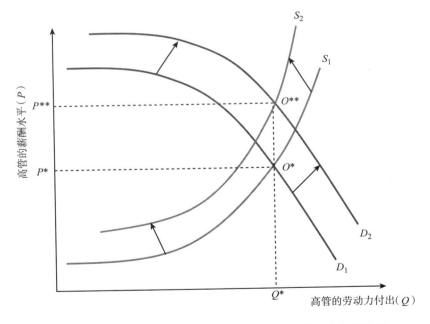

图3-7　经济发展时高管薪酬水平与高管劳动力付出之间的关系

第四节　薪酬水平和薪酬结构对高管
交易效应的机理分析

一、薪酬契约与高管交易的内在联系

1. 薪酬契约静态及动态变化的联系

本书中的薪酬契约包括高管薪酬水平和薪酬结构两部分：薪酬水平指高管的短期货币性薪酬，主要包括高管的工资和津贴；薪酬结构指高管薪酬的公司内部差距和行业外部差距。本书从高管薪酬水平、团队内部薪酬差距和团队外部薪酬差距讨论薪酬体系对高管交易行为的影响。高管薪酬满意度决定了高管的交易行为选择，薪酬水平与高管劳动力付出的对比反映了高管的薪酬自我满意度，高管薪酬与团队内其他高管的薪酬比较反映了高管团队的内部薪酬满意度，高管薪酬与行业内其他高管的薪酬比较反映了高管团队的外部薪酬满意度。同时，薪酬体系的三个方面是相互联系的，每个团队的高管薪酬水平决定了团队内部薪酬差距和外部薪酬差距，而高管薪酬水平的改变也同时改变了团队的内外部薪酬差距，团队内外部薪酬差距是高管薪酬水平的附属变量，反映了高管团队薪酬异质性的程度。

2. 高管个人交易与团队交易的联系

团队中的高管具有各自的能力、价值观、公平感知和对待团队薪酬的态度，所有团队内高管特征的集合形成了团队的凝聚力、规范性、包容性与异质性。薪酬契约对高管的激励具有很强的个体特征，即对于不同高管同样薪酬契约的激励效果可能存在很大的不同，导致薪酬契约与高管劳动力付出的匹配变得更为困难，出现高管利用私有信息的交易行为。一方面，高管的个人交易行为可能影响团队内的其他高管，导致其他高管的相互效仿行为，使得团队内高管的交易行为加剧；另一方面，高管的交易行为可能受到团队内其他高管的制约，即进行交易行为的高管受到其他高管的排挤和声誉损失，导致个人的交易行为减少，最终表现为团队内高管交易行为的减少。团队交易特征是个人交易行为的集合，同时高管个人交易与团队其他高管的交易行为存在相互影响作用。

二、薪酬契约对高管个人交易效应的机理分析

本部分从薪酬契约的薪酬水平、内部薪酬差距和外部薪酬差距三个方面分析薪酬契约对高管个人交易的影响。根据上一小节的分析，当薪酬激励能够满足高管的劳动力付出时，高管将会保持自身的劳动水平并努力工作提升公司价值，而当薪酬激励不能够满足高管的劳动力付出且公司存在强制超时工作时，高管会做出消极怠工的行为以减少自己的真实劳动付出，并且会利用公司内部信息交易谋取私人收益以弥补自己的劳动付出，即高管对薪酬契约的满意度越高，高管提高努力程度的可能性越大，而高管对薪酬契约的满意程度越低，高管交易中运用私有信息的程度越深，高管的交易获利能力越强。

薪酬契约对高管个人薪酬满意度的影响模型如图 3-8 所示。其中，高管的薪酬水平决定了高管的个人薪酬满意度，即高管的薪酬水平 x 越高，高管的劳动力付出越能得到满足，导致高管相对于个人努力的满意度 x' 越高；高管与团队平均薪酬的差距决定了高管相对于团队薪酬的满意度，即高管的薪酬高于团队平均薪酬越多（y 越高），高管相对于团队成员的薪酬满意度 y' 越大；高管薪酬与行业高管平均薪酬的差距决定了高管相对于行业高管薪酬的满意度，即高管的薪酬高于行业高管平均薪酬越多（z 越

高），高管相对于行业其他高管成员的薪酬满意度 z' 越大。

综上所述，高管的薪酬契约从高管薪酬水平、内部薪酬差距和外部薪酬差距三个方面影响了高管的薪酬满意度。当高管的薪酬水平变动时，会同时导致内部薪酬差距和外部薪酬差距的变动，进而影响高管的薪酬满意度。从图 3-8 可以看出，当高管薪酬从 A（x_1，y_1，z_1，t_1）变动到 B（x_2，y_2，z_2，t_2）时，高管的薪酬满意度也相应地从 A'（x_1'，y_1'，z_1'，t_1）变动到 B'（x_2'，y_2'，z_2'，t_2），即高管薪酬从薪酬水平高、薪酬高于团队平均薪酬、薪酬低于行业薪酬的状态转变为薪酬水平高、薪酬等于团队平均薪酬、薪酬高于行业高管平均薪酬，表明高管所处公司的薪酬支付发生了重大改变，很可能公司的利润增长较快导致高管薪酬快速增加，但是高管个人薪酬增速低于团队其他高管的薪酬增速，而公司的整体薪酬提升高于行业平均值，对应的薪酬满意度从 A' 点到 B' 点，即相对于外部高管的薪酬满意度提高，而相对于内部高管的薪酬满意度降低。高管的薪酬满意度是薪酬水平满意度、内部差距满意度和外部差距满意度三个方面的综合体现。根据本章第三节的分析，当高管的薪酬满意度低时，高管会更多地利用公司的私有信息进行提前交易，待私有信息公布后进行反向交易获利，以弥补心里的不公平感。高管交易中薪酬满意度与私有信息含量之间的关系如图 3-9 所示。因此，高管对薪酬契约的满意度不足是其交易的根本动机，高管掌握公司内部的私有信息是其交易获利的主要原因。当薪酬满意度降低时，高管会增加在交易中使用的私有信息含量，增强自己的交易择时能力，以期获得更多的收益。

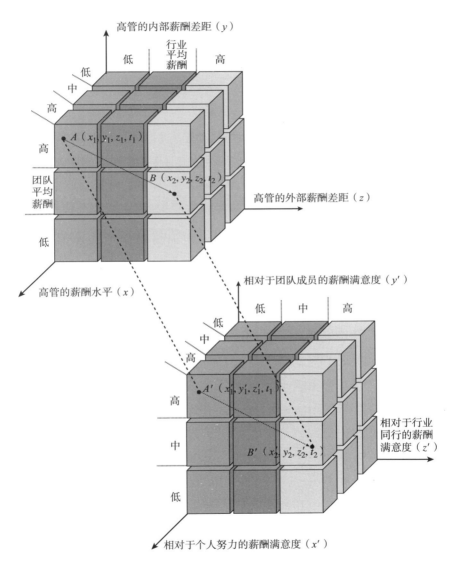

图 3 - 8　薪酬契约对高管个人薪酬满意度的影响模型

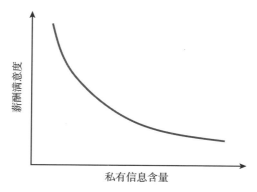

图 3 - 9　高管交易中薪酬满意度与私有信息含量之间的关系

三、薪酬契约对高管团队交易效应的机理分析

本部分从薪酬契约的薪酬水平、内部薪酬差距和外部薪酬差距三个方面分析薪酬契约对高管团队交易行为的影响。其中，团队薪酬水平指高管团队薪酬的平均值，团队内部薪酬差距指高管团队中总经理和其他高管薪酬平均值的比值，团队外部薪酬差距指高管团队平均薪酬与同行业其他高管团队平均薪酬之间的差距。当高管团队平均薪酬大于同行业其他高管团队平均薪酬时为正向差距，当高管团队平均薪酬小于同行业其他高管团队平均薪酬时为负向差距。团队薪酬水平决定了高管团队自身的薪酬满意度，即高管团队的薪酬水平 x 越高，高管团队的劳动力付出越能得到满足，导致相对于团队高管自身努力满意度 x' 越高。高管团队内部的薪酬差距决定了高管团队相对于其他高管的薪酬满意度。根据锦标赛理论和行为理论，团队薪酬差距对高管的交易行为可能产生两种相反的影响：一方面，薪酬差距扩大可以促使高管间产生竞争关系，使其为了获取职位晋升而更加努力工作，而晋升后的报酬能够满足其晋升的劳动力付出，导致高管的交易行为减少；另一方面，过大的内部薪酬差距导致晋升失败的高管消极情绪增加，高管的薪酬满意度下降，晋升激励比较高时晋升失

败的高管不公平感上升，导致其利用私有信息交易的行为加剧，使得高管的交易行为更加频繁。已有研究发现，内部差距对于高管的影响存在不一致性，当薪酬差距小时，低层高管的薪酬满意度升高，高层高管的薪酬满意度降低；随着薪酬差距的扩大，低层高管的薪酬满意度降低，而高层高管的薪酬满意度提高。由此可见，高管团队薪酬差距过小或过大时，团队整体的薪酬满意度都会下降，而合理的薪酬差距能够使得高层高管和低层高管的薪酬满意度同时提高。因此，高管团队内部薪酬差距 y 与团队薪酬满意度 y' 呈现倒 U 形关系。高管团队平均薪酬与行业高管团队平均薪酬的差距决定了高管团队相对于行业其他高管团队的薪酬满意度，即高管团队平均薪酬高于行业高管团队平均薪酬越多（z 越高），高管团队相对于行业其他高管团队的薪酬满意度 z' 越大。

　　综上所述，高管团队的薪酬契约从高管团队薪酬水平、团队内部薪酬差距和团队外部薪酬差距三个方面影响了高管团队的薪酬满意度。当高管团队的薪酬水平变动时，会同时导致团队内部薪酬差距和团队外部薪酬差距的变动，进而影响高管的薪酬满意度。薪酬契约对高管团队薪酬满意度的影响模型如图 3 - 10 所示。

　　从图 3 - 10 可以看出，当高管团队薪酬从 A（x_1，y_1，z_1，t_1）变动到 B（x_2，y_2，z_2，t_2）时，高管团队的薪酬满意度也相应地从 A'（x_1'，y_1'，z_1'，t_1）变动到 B'（x_2'，y_2'，z_2'，t_2），即高管团队薪酬从团队薪酬水平高、团队内部薪酬差距大、团队外部薪酬差距负向高转变为团队薪酬水平高、团队内部薪酬差距一般、团队外部薪酬高于行业高管团队的平均薪酬，表明公司中高管团队的薪酬发生重要变化，即高管平均薪酬快速提升的同时，团队内部薪酬差距逐渐变小，薪酬分配更加公平，公司的薪酬提升高于行业其他高管团队的平均薪酬水平。高管团队对应的薪酬满意度从 A' 点到 B' 点，即高管团队对于团队自身的薪酬满意度不变，而随着内部薪酬差距的降低，低层高管对于薪酬满意度提高，高管团队整体的内部薪酬满意度提高，同时高管团队相对于行业其他高管团队的薪酬满意度提升，故团队整体的薪酬满意度随着时间从 t_1 变动为 t_2，得到了提升。根据本章第二节的分析，当高管团队的薪酬满意度提升时，高管团队中薪酬不公平感降低，高管团队会减少交易行为中的私有信息含量，同时减少交易规模。高管团队交易中薪酬满意度与交易规模之间的关系如图 3 – 11 所示。

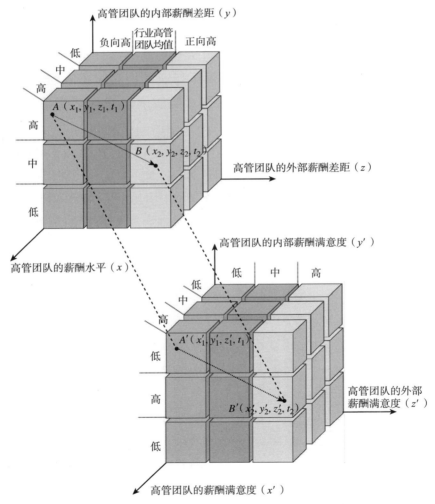

图 3 – 10　薪酬契约对高管团队薪酬满意度的影响模型

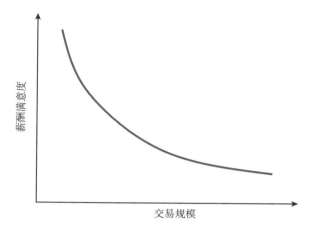

图3－11　高管团队交易中薪酬满意度与交易规模之间的关系

第五节　薪酬契约和制度环境对高管交易效应的机理分析

一、高管薪酬契约动态博弈模型假设

本部分通过数学模型构建和最优薪酬量化分析高管与股东在动态博弈下的最佳行为选择，并讨论高管薪酬契约对于高管交易行为的影响。为了抓住主要研究问题进行分析，做出以下假设。

首先，假设公司股东对公司有完全控制权，即股东拥有对高管薪酬契约的决定权，股东依据高管的劳动力付出程度给予高管相应的薪酬补偿；但是，由于股东和高管间存在信息不对称，所以高管的劳动力付出难以直接观测，即股东依据公司的价值增加决定高管对应的报酬支付。

其次，假设上市公司的所有者权益全部以流通股的形势存在，这与2005年股改后我国上市公司的情况基本一致。

最后，假设高管掌握公司的生产经营决策并制定企业未来的发展战略，高管的战略选择与实施效果将影响公司的最终价值，公司在生产经营中的信息首先被高管获得，高管的信息获取不需要成本。其后，公司的内部信息通过公司的披露制度或者资本市场上的信息中介传递给公司外部的股东和投资者。

为了问题分析的简洁性，假设股票的二级市场上只有高管与公司股东两类交易者，高管卖出的股票数量即为股东买入的股票数量，高管买入的股票数量即为股东卖出的股票数量；监管部门和公司股东对于高管交易数额没有相关禁令，高管可以根据自身对于市场的判断随时进行股票交易。股东依据自身掌握的不完全信息做出交易决策，股东交易时掌握的信息越多，股东的交易决策损失越小。在做出交易决策时，假设高管和股东无法获知对方的交易策略，只有在完成交易后交易双方才能知道对方的交易策略。另外，假设公司流通在外的流通股股数为1，股价可以反映所有已经公开的公司经营信息，公开交易中交易双方买卖行为所形成的股票价格在一定程度上包含了高管和股东对于公司未来价值的判断。

二、制度环境对薪酬激励效果的影响

本部分在 Faure-Grimaud 和 Gromb（2004）及 Kyle（1985）模型的基础上加入高管交易获利因素，并考虑制度环境（内部治理环境、外部监督环境、法律环境）对薪酬契约有效性的影响，构建动态博弈的模型来分析薪酬契约对高管交易行为的作用机理，模型中不考虑时间价值对薪酬的影响。高管利用私有信息的交易行为会导致声誉风险和诉讼风险，而制度环境能够加强流动机制和声誉机制的有效性，从而增加高管交易面临的风险，增强薪酬契约对高管交易的治理作用，因此有必要讨论制度环境对薪酬契约有效性的影响。

在 $t=0$ 时，公司的股东单方面制定经理的薪酬合约，高管有权选择接受或不接受，不存在多次谈判的情况。公司股东依据公司价值的增加量制定高管的薪酬契约。假设高管的薪酬与公司价值的增加量正相关：$B(V) = \beta(V - V_0)$，其中 V 为公司最终的真实价值，V_0 是高管上任时公司的初始价值，β 是薪酬支付率。

当 $t=1$ 时，高管根据与公司签订的薪酬合约水平选定自己的努力程度 e。上市公司的经营决策权由高管掌握，高管的努力程度将直接影响公司价值的增加。假设高管的努力水平并不能完全被股东或外部投资者所观测到，这种努力的成本完全由高管独自承担。虽然高管的努力程度和公司价值之间有紧密的联系，但是公司价值的改变受到高管努力程度外很多因素的影响，比如宏观经济环境、行业发展阶段、市场竞争程度、国家突发政策、公司的资源等，所以在高管付出努力后，公司并不一定能达到预期的价值，即存在高管努力程度与公司价值增加不符的情况。但是作为一般情况，高管越努力，最终公司价值越高。假设高管努力程度为 e，个人努力的成本为 $C(e) = \dfrac{e^2}{2}$，$0 \leqslant e \leqslant 1$，在博弈结束阶段公司达到价值 $V = V_2$ 的概率为 $\dfrac{1+e}{2}$，公司达到价值 $V = V_1$ 的概率为 $\dfrac{1-e}{2}$，$V_2 > V_1 > 0$。对于股东来说，公司的期望价值为：

$$E(V) = \frac{1+e}{2} \cdot V_2 + \frac{1-e}{2} \cdot V_1 \qquad (3-1)$$

在 $t=2$ 时，公司价值 V 得以实现，表现为 V_1 或 V_2，假设高管可以无成本地获得此信息，而股东则无法观测到该信息，由此产生高管的信息优势。

在 $t=3$ 时，高管和股东依据获得的信息做出交易决策。假设高管的交易策略为 $\theta_{\text{insider}} \in \{-d, d\}$（其中，$d$ 表示买入股票，$-d$

表示卖出股票，$d > 0$），并且当实际增加值 $V = V_1$ 时，高管卖出股票，则卖出股票的概率为 $\Pr[\theta_{\text{insider}} = -d] = \dfrac{1-e}{2}$；当股票的实际增加值 $V = V_2$ 时，高管买入股票，则买入股票的概率为 $\Pr[\theta_{\text{insider}} = d] = \dfrac{1+e}{2}$。由于假定市场上只有知情的高管和不完全知情的外部股东两类交易者，股东在 $t = 3$ 时刻并不知道公司的真实价值，假设股东交易的策略集为 $\theta_{\text{outsider}} \in \{-d, d\}(d > 0)$，则股东买入股票的概率为 $\Pr[\theta_{\text{outsider}} = d] = \dfrac{1+r}{2}(-1 \leqslant r \leqslant 1)$。

股东卖出股票的概率为 $\Pr[\theta_{\text{outsider}} = -d] = \dfrac{1-r}{2}$。其中，$r$ 表示由于公司的信息披露制度和信息中介的信息传导效用，公司的股东或外部投资者掌握公司信息的程度，并根据已有的信息做出的交易决策的改变，当公司股东和外部投资者完全不掌握信息时，$r = 0$，即股东买入和卖出股票的可能性相等，均为 1/2，也就是说，$\Pr[\theta_{\text{outsider}} = d] = 1/2$，$\Pr[\theta_{\text{outsider}} = -d] = \dfrac{1}{2}$。

三、制度环境下高管的最优薪酬分析

根据上述分析，我们把上市公司所有的外部股东当作一个整体进行分析，对于上市公司的股东来说制定 $B(V) = \beta(V - V_0)$ 中的薪酬支付率 β 显得非常重要，因为 β 将影响公司最终的价值，即股东价值的最大化。股东收益的目标函数为：

$$\max_{\beta} E\{(1-\beta)(V - V_0) + T_{\text{outsider}}\} \qquad (3-2)$$

其中，$(1-\beta)(V - V_0)$ 表示股东所得的除去付给高管薪金的公司价值增加值，T_{outsider} 表示股东承担的高管交易的损失。由于模型中的 e 是高管努力程度的表征量，所以我们先求薪酬契约制定后高管的最佳努力程度。

高管的期望收益主要由两部分组成，一部分是 $t=0$ 时确立的薪金，另一部分是 $t=3$ 时利用私有信息交易所得的收益，则高管总收益的期望函数为：

$$\max_e E\left\{\beta(V-V_0)+T_{\text{insider}}-\text{Law}-C(e)\right\} \qquad (3-3)$$

其中，$\beta(V-V_0)$ 是期末按照薪酬契约所确定的薪酬，T_{insider} 主要指高管交易所得的收益，$T_{\text{insider}}=\theta_{\text{insider}}\Delta V$，Law 主要指高管交易所面临的法律风险。当高管交易获得的预期收益大于法律风险时，高管实施交易行为；当高管交易面临的法律风险大于交易获利时，高管放弃交易行为。假设法律风险与交易量成正相关关系，即 $\text{Law}=\lambda d$，即利用私有信息的交易数量越大越有可能引起监管部门的介入，导致法律的处罚。根据公司价值的假定，当高管和股东同时判定公司增加值为 V_2 或 V_1 时，双方同时发出买入或卖出的指令，即外部股东对公司的价值有着准确的认知，市场没有成交量，高管无法通过股票交易获利。当高管与外部股东对公司估值产生分歧时，股票市场产生交易量。依据前述假设，股票市场的交易量为 d。假设公司股价存在一定的波动性，同时公司股票的流动性很好。当高管知道公司的价值为 V_2 而股东判定公司的价值为 V_1 时，高管可以在 $t=2$ 时以 V_1 的价格买入从股东手里买入股票，等到 $t=4$ 即公司公布业绩时以 V_2 的价格卖出，赚取价差收益。同理，当高管知道公司的价值为 V_1 而股东判定高管增加值为 V_2 时，高管可以在 $t=2$ 时以 V_2 的价格卖出，等到 $t=4$ 即公司公布实际业绩时以 V_1 的价格买入平盘，利用内部信息获得收益。公司股票的流动性和波动性假设保证了高管可以以 V_1 的价格买入，以 V_2 的价格卖出。

在 $t=4$ 时，公司的实际价值随年报披露，公司内外部的信息不对称消除，高管和外部股东获得收益（损失）。

基于上述分析，高管利用公司私有信息进行股票交易的预期净收入为：

$$E\{T_{\text{insider}}\} = \Pr[\theta_{\text{insider}} = d]\Pr[\theta_{\text{outsider}} = -d] \cdot d \cdot [V_2 - V_1] +$$
$$\Pr[\theta_{\text{insider}} = -d]\Pr[\theta_{\text{outsider}} = d] \cdot (-d) \cdot [V_1 - V_2]$$

经化简整理得：

$$E\{T_{\text{insider}}\} = \frac{(1+e)(1-r)}{4}d\Delta v + \frac{(1-e)(1+r)}{4}d\Delta v = \frac{1-re}{2}d\Delta v$$

$$(3-4)$$

当其他参数保持不变时，高管预期的交易收益是努力程度的减函数，也是信息传播的减函数。高管预期的交易收益与交易量正相关，与公司股票的波动幅度正相关。r 反映的是公司的信息披露政策和信息中介通过信息传播对股东交易策略的影响。式（3-4）中的 r 表明信息中介可以识别出股票高估和低估的信息，并且可以准确地估计高管的获利情况，从而减少信息不对称情况下的股东交易损失。在高管判断公司价值为 V_2 而试图买入股票时，r 越大，股东卖出股票的可能性越少，则高管交易收益越少。虽然 r 增大增加了实际值为 V_1 时高管的收入，但是整体上 r 是高管交易获利的减函数。

考虑到高管的交易风险 Law 后，高管的交易预期所得为：

$$E\{T_{\text{insider}} - \text{Law}\} = \frac{1-re}{2}d\Delta v - \lambda d \qquad (3-5)$$

当 $\lambda < \frac{(1-re)\Delta v}{2}$ 时，高管交易获利大于预期的法律处罚额，高管会选择交易获利；当 $\lambda > \frac{(1-re)\Delta v}{2}$ 时，高管交易获利小于预期的法律处罚额，高管不会进行交易。监管部门可以通过改变监督和处罚力度改变 λ 的大小，从而改变高管的交易行为选择。在高管不进行交易的情况 $\left[\lambda > \frac{(1-re)\Delta v}{2}\right]$ 下，高管的预期薪酬为：

$$\max_e E\{\beta(V - V_0) - C(e)\} = \max_e\{\beta\frac{1}{2}(V_1 + V_2) +$$

$$\frac{1}{2}\beta e\Delta v - \beta V_0 - \frac{e^2}{2}\} \qquad (3-6)$$

对 e 求偏导后可得高管最佳的努力水平为：$e^* = \frac{\beta\Delta v}{2}$。由此结果可知，高管努力的程度和 β 正相关，和 Δv 正相关。结果表明，在没有高管交易时，高管从企业价值增加中所得的薪酬支付比率越大，高管工作越努力；支付比率没变时，高管努力产生的企业价值的改变越大，高管越努力。高管努力程度与支付比率和企业价值的增加量正相关。当 $\lambda < \frac{(1 - re)\Delta v}{2}$ 时，存在高管交易。高管最佳的努力水平为 $e^* = \frac{(\beta - rd)\Delta v}{2}$，高管的努力水平仍然是 β 和 Δv 的增函数，但却是 d 的减函数，即交易量越大，高管的工作努力程度会下降，这说明当高管在不努力的情况下也可以通过交易获得薪酬时，高管将减少努力程度，间接损害企业价值。同时，高管的努力程度是 r 的减函数，表明当公司与外部投资者间信息传递效率高、公司透明度高时，高管很难通过私有信息获利。

在得到高管最佳努力程度后，计算股东给高管制定的最佳薪酬水平 β，$t = 4$ 时股东的期望的收益函数为：

$$\max_\beta E\{(1 - \beta)(V - V_0) + T_{\text{outsider}}\} = \max_\beta E\{(1 - \beta)$$

$$[\frac{1}{2}(V_1 + V_2) + \frac{\Delta v}{2} - V_0] - \frac{1 - re}{2}d\Delta v\} \qquad (3-7)$$

将高管努力的最佳水平 $e^* = \frac{(\beta - rd)\Delta v}{2}$ 代入得到关于 β 的函

数。对 β 求偏导可得满足股东利润最大化的 β 为：

$$\beta^* = \frac{1}{2} + rd + \frac{2V_0 - (V_1 + V_2)}{(\Delta v)^2} \qquad (3-8)$$

从式（3-8）中可以看出，薪酬系数和内外部的信息传递效率正相关，与交易量的大小正相关，与股票的波动率负相关。当公司透明度好时（r 较大），公司需要增加高管的薪酬以弥补高管的交易损失，激励高管努力工作。当公司股价波动大时，考虑到高管可以通过私有信息交易获利，外部股东需要减少高管的薪酬支付比例，以减少股东价值的损失。薪酬支付比率是 V_1 和 V_2 的减函数，这表明随着公司价值的增加，高管的薪酬支付比率不断缩小，高管的薪酬是企业价值增长的凸函数。

本部分通过构建动态博弈模型得到以下结论：① 高管的努力程度是薪酬支付比率和企业价值波动的增函数，是高管交易数量和市场效率的减函数；② 高管交易获利是交易量和企业波动的增函数，是市场效率、法律监管和自身经营努力程度的减函数；③ 最优薪酬激励是企业最终价值实现的减函数，是价值波动的减函数。基于模型推导可以发现，薪酬的提升能够增加高管的努力程度，但是随着公司价值提升的增大，高管的薪酬提升幅度下降，可能导致高管对薪酬的满意度下降，产生高管利用公司私有信息交易股票的行为。在前面论述的基础上，本部分通过模型推导发现，薪酬对高管交易行为的影响受到公司内外部环境的调节作用：当高管交易数量增多时，高管面临的法律风险增加，从而抑制高管交易；公司价值波动率增大会导致高管交易获利增加，从而促进高管交易；市场效率提升能够加快信息传递效率，减少高管的私利空间，抑制高管交易；企业价值提升一方面能够增加高管薪酬，另一方面能够增加高管交易获利，其对高管交易的影响有待进一步检验。

上述分析表明，高管交易的行为选择会综合考量交易获利和交易风险，薪酬契约与高管努力程度的不匹配是高管交易的动机，高管掌握的公司内部私有信息是交易获利的基础，但是在考虑薪酬契约对高管交易行为影响时需要兼顾高管交易环境的影响因素，法律诉讼风险和市场信息传递效率都会影响高管的交易选择。

第六节　小　　结

首先，本章构建了薪酬契约对高管交易效应的理论分析框架。高管努力程度、薪酬内外部差距、公司内外部治理环境是薪酬契约作用于高管交易的三个基本要素，它们共同决定高管的隐性薪酬期望。在激励相容模型下，隐性薪酬期望和高管现实薪酬水平对比解释了高管交易行为的选择。

其次，本章依次分析薪酬水平、薪酬结构和制度环境三个要素在薪酬契约对高管交易效应中的传导机理和作用路径。具体的机理分析如下。

（1）在委托代理和信息不对称的基本假设下，通过构建企业劳动力需求与高管劳动力供给关系的逻辑框架，研究确定了薪酬支付水平和高管努力程度的均衡点，并分析了薪酬支付和高管努力程度偏离均衡点和均衡点发生移动时公司和高管各自的收益，讨论了在"薪酬支付不足""高薪养廉""超时工作""经济发展"四种情况下公司薪酬契约对高管交易行为的影响，指出薪酬契约激励不足是高管交易行为产生的重要原因，企业需要不断根据公司的发展情况调整高管薪酬，以形成有效激励，实现企业资源的有效合理配置，提高企业资源的利用效率。

（2）在薪酬水平对高管交易影响机理的基础上加入薪酬结构要素，构建薪酬体系影响高管交易行为的薪酬水平、内部薪酬差距和外部薪酬差距"三维一体"整体分析框架，分别研究高管个人和高管团队在薪酬体系下的薪酬坐标对薪酬满意度的影响，发现高管交易行为选择不仅取决于对薪酬水平的绝对满意度，更取决于薪酬水平与公司内外部其他高管对比产生的相对满意度。高管对满意度的感知最终决定高管交易行为中的私有信息含量和交易规模。

（3）在薪酬体系影响高管交易的"三维一体"整体分析框架的基础上，引入制度环境因素，构建股东与高管间的薪酬动态博弈模型，分析制度环境因素对高管薪酬契约实施有效性的影响，发现薪酬契约激励不足是高管交易的动机，高管掌握的私有信息是高管获利的基础，高管的交易行为选择受到市场信息传递效率和交易法律环境的影响，因此提高高管的薪酬待遇和营造企业良好的内外部环境是遏制高管利用私有信息交易的重要手段。

总之，本章创建薪酬水平和高管努力的理论均衡点，构建"三维一体"整体分析框架，通过股东与高管间的动态博弈模型分析薪酬水平、薪酬结构和制度环境对高管交易效应的传导机制，为后续的实证检验奠定了理论基础。

第四章

薪酬契约与高管交易现状分析

在对已有相关文献进行回顾梳理、明确研究空间、理清薪酬契约对高管交易行为作用机理和作用途径的基础上，本章重点关注 2010—2014 年间民营上市公司的高管薪酬和高管交易现状，详细描述不同行业、不同年份高管薪酬水平和薪酬结构的变化，同时与高管交易行为的统计结果进行对比分析。关于时间区间的选择，一方面是因为 2006 年《中华人民共和国公司法》解除上市公司高管交易限制，其后两年内高管交易仍不活跃，只有零星的高管交易行为；另一方面是因为 2008 年金融危机爆发，宏观环境波动导致高管的交易行为更多出于避险需求，这可能会影响本书的结论。本章的现状分析为后续利用回归模型进行大样本实证检验奠定基础。

第一节　民营上市公司高管薪酬的现状分析

一、薪酬水平普遍提高

随着经济的不断发展，民营上市公司总经理的薪酬水平呈现逐年上升的态势。从图 4－1 可以看出，2010—2011 年总经理的薪酬水平快速增长，总经理的平均薪酬绝对值从 47.66 万元上升至 51.08 万元，平均薪酬增长率从 3.39% 快速跃升至 7.17%，提升两倍多。2011—2012 年总经理的平均薪酬仍保持快速增长势头，总经理的平均薪酬绝对值从 51.08 万元上升至 57.71 万元，平均薪酬增长率提升将近两倍，至 12.98%。2013 年总经理的平均薪酬增长率放缓至 9.13%，平均薪酬绝对值从 57.71 万元上升至 62.98 万元。2014 年总经理的平均薪酬增长率持续放缓至 3.65%，平均薪酬绝对值从 62.98 万元上升至 65.27 万元。总体来说，总经理的平均薪酬呈现上涨态势，平均薪酬增长率在 2012 年到达峰值 12.98% 后开始逐年下滑。总经理平均薪酬的变化从侧面反映了"四万亿经济刺激计划"的作用在 2012 年后有所放缓，民营公司开始进入经济发展的新常态，全行业大范围的总经理薪酬水平提升成为小概率事件。

图 4-2 表明，民营上市公司中高管前三名的薪酬总和的平均数同样呈现逐年增长的态势。2010—2011 年高管前三名的薪酬总和加速增长，绝对值从 122.45 万元上升至 131.94 万元，增长率从 0.14% 快速跃升至 7.75%。2011—2012 年高管前三名的薪酬总和仍保持快速增长势头，前三名高管的薪酬总和绝对值从 131.94 万元上升至 156.04 万元，增长率从 7.75% 提升至 18.27%。2013 年高管前三名的薪酬总和增长率放缓至 11.45%，绝对值从 156.04 万元上升至 173.91 万元。2014 年高管前三名的薪酬总和增长率持续放缓至 3.75%，绝对值从 173.91 万元上升至 180.43 万元。总体来说，高管前三名的薪酬总和保持上涨态势，增长率在 2012 年到达峰值 18.27% 后开始逐年下滑。与图 4-1对比可以发现，高管前三名的薪酬总和增长率大于总经理的薪酬增长率，表明总经理之外的高层管理人员的薪酬增长大于总经理的薪酬增长，即总经理与其他高薪高管间的薪酬差距逐年缩小。

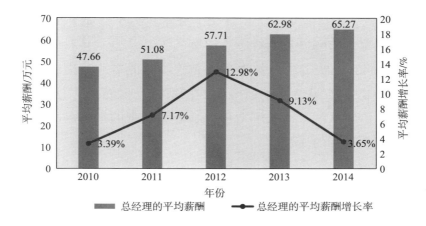

图 4-1　2010—2014 年民营上市公司总经理的平均薪酬值及增长率

（数据来源：根据国泰安 CSMAR 数据库整理）

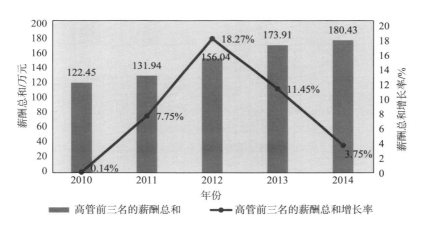

图 4-2　2010—2014 年民营上市公司高管前三名的薪酬总和及增长率

（数据来源：根据国泰安 CSMAR 数据库整理）

图 4-3 表明，民营上市公司中高管团队平均薪酬同样呈现逐年上涨的态势。2010—2011 年高管团队的平均薪酬快速增长，绝对值从 30.41 万元上升至 34.53 万元，增长率从 -1.23% 快速跃升至 13.57%。2011—2012 年高管团队的平均薪酬仍保持快速增长势头，绝对值从 34.53 万元上升至 40.48 万元，增长率从 13.57% 提升至 17.22%。2013 年高管团队的平均薪酬增长率放缓

至 11.55%，绝对值从 40.48 万元上升至 45.15 万元。2014 年高
管团队的平均薪酬增长率持续放缓至 2.29%，绝对值从 45.15 万
元上升至 46.19 万元。总体来说，高管团队的平均薪酬保持上涨
态势，增长率在 2012 年到达峰值 17.22% 后开始逐年下滑。总体
来看，高管团队的平均薪酬增长率高于总经理的平均薪酬及前三
名高管薪酬总和的增长。

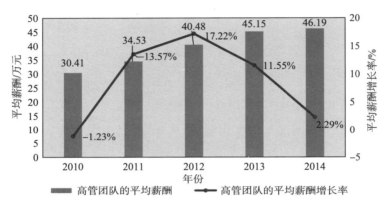

图 4 - 3 2010—2014 年民营上市公司高管团队的平均薪酬及增长率

（数据来源：根据国泰安 CSMAR 数据库整理）

二、薪酬差距逐步加大

2010—2014 年间，民营上市公司总经理与团队其他高管平
均薪酬的差距逐步扩大，平均薪酬差距的绝对值从 17.79 万元
上升至 23.86 万元。从图 4 - 4 可以看出，2010—2011 年高管平
均薪酬的差距缓慢增长，绝对值从 17.79 万元上升至 18.98 万
元，增长率从 -9.82% 上升至 6.67%。2011—2012 年高管间平
均薪酬的差距快速增长，绝对值从 18.98 万元上升至 21.29 万
元，平均薪酬差距绝对值的增长率从 6.67% 提升至 12.17%。
2013 年高管平均薪酬差距的增长率放缓至 8.57%，绝对值从
21.29 万元上升至 23.11 万元。2014 年高管团队平均薪酬差距

的增长率持续放缓至 3.26%，绝对值从 23.11 万元上升至 23.86 万元。图 4 - 4 表明高管平均薪酬差距绝对值在逐年加大，但是平均薪酬差距的增长率小于高管平均薪酬的增长率，即不同高管间的相对薪酬差距在逐步缩小。

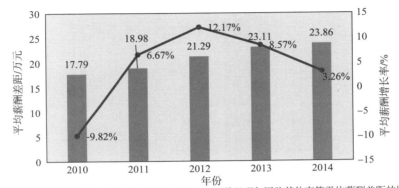

图 4 - 4　2010—2014 年民营上市公司总经理与团队其他高管平均薪酬的差距及增长率

（数据来源：根据国泰安 CSMAR 数据库整理）

图 4 - 5 是 2010—2014 年民营上市公司总经理与团队其他高管平均薪酬的比值及增长率，从平均薪酬比值层面表明总经理和其他高管平均薪酬的差距在逐步缩小。2010—2011 年总经理与团队其他高管平均薪酬的比值从 1.73 下降至 1.69，增长率从 0.47% 下降至 - 2.20%。2011—2012 年总经理与团队其他高管平均薪酬的比值从 1.69 下降至 1.65，增长率从 - 2.20% 下降至 - 2.79%。2013 年总经理与团队其他高管平均薪酬的比值下降至 1.63，2014 年总经理与团队其他高管平均薪酬的比值下降至 1.61，表明总经理和团队其他高管的平均薪酬差距在 2010—2012 年快速缩小，其后缩小幅度有所减缓，并于 2012 年后趋于稳定。

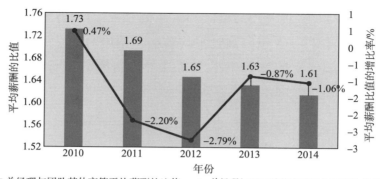

图4-5　2010—2014年民营上市公司总经理与团队其他高管平均薪酬的比值及增长率

（数据来源：根据国泰安CSMAR数据库整理）

三、不同行业薪酬差距明显

表4-1列示了2010—2014年我国民营上市公司高管团队平均薪酬的行业分布。从表4-1中可以看出，金融行业民营上市公司高管团队的平均薪酬最高，但同时波动幅度也最大。2013年金融行业高管团队的平均薪酬最高，为365.7万元，而2011年和2012年行业发展不好时金融行业高管团队的平均薪酬为267万元。除金融行业外，高管团队薪酬最高的行业依次为房地产业、租赁服务业、综合业、科研与技术服务业，这些行业都实现了高管团队平均薪酬的逐年快速上涨。2014年房地产行业高管团队的平均薪酬为90.7万元，租赁服务业高管团队的平均薪酬为68.5万元，表明随着经济的发展，服务行业的高管团队的平均薪酬增长较快。采矿业、建筑业、信息技术服务业、电热燃气及水生产供应业、制造业、交通运输及仓储邮政业、卫生和社会服务业实现高管团队收入的平稳增长，表明第二产业的公司经营稳步提升，高管团队的平均薪酬逐年提高。文化、体育和娱乐业，公共设施管理业，住宿和餐饮业高管团队的平均薪酬水平变化比较大，在2011

年达到薪酬巅峰后开始逐年下降，表明上述行业市场逐渐饱和，竞争加剧，高管的收入开始下滑。农林牧渔业高管团队的平均薪酬水平在 2012 年之前快速增长，2012 年趋稳后缓步增长，表明我国第一产业的民营上市公司稳步运营，薪酬水平得到很大的提高。

表 4 - 1　2010—2014 年我国民营上市公司高管团队平均薪酬的行业分布

单位：万元

行　　业	2010 年	2011 年	2012 年	2013 年	2014 年
金融业	358.6	267.0	267.4	365.7	303.4
房地产业	42.8	50.2	69.6	82.1	90.7
租赁服务业	34.6	40.0	43.5	53.7	68.5
综合业	23.1	31.5	47.0	49.9	52.4
科研与技术服务业	20.5	34.4	45.8	46.9	50.3
采矿业	27.0	35.8	40.1	43.1	48.2
建筑业	34.4	37.2	37.7	41.9	44.9
信息技术服务业	30.6	33.6	41.7	43.1	44.2
电热燃气及水生产供应业	32.0	33.0	34.1	46.6	43.6
制造业	28.6	32.9	36.9	41.4	43.0
交通运输及仓储邮政业	30.8	32.5	41.9	39.2	42.9
卫生和社会服务业	21.9	32.2	37.4	44.3	42.2
批发零售业	34.5	40.6	39.1	44.5	41.9
文化、体育和娱乐业	30.8	52.0	46.7	38.3	39.7
公共设施管理业	38.9	43.4	33.5	37.1	34.7
农林牧渔业	19.5	23.4	30.9	31.5	34.2
住宿和餐饮业	40.1	44.6	31.5	30.4	29.3

表 4 - 2 列示了 2010—2014 年我国民营上市公司总经理与团队高管平均薪酬差距的行业分布。从表 4 - 2 可以看出，金融行业总经理与团队其他高管的平均薪酬差距最大，并且各个年份波动较大。2010 年金融行业总经理与团队其他高管的平均薪酬差距为

313.4 万元，其后开始快速收窄，至 2014 年变成 109.8 万元。其次是房地产业、综合业、批发零售业、科研与技术服务业总经理与团队其他高管的平均薪酬差距呈现快速增长的态势，5 年间总经理与团队其他高管的平均薪酬差距普遍增长 2 倍。科研与技术服务业总经理与团队其他高管的平均薪酬差距增长 9 倍，表明科研技术服务业处于快速发展的阶段，总经理在公司发展中起着更加重要的作用。交通运输及仓储邮政业、制造业、采矿业、建筑业总经理与团队其他高管的平均薪酬差距较为平稳，5 年来变动幅度较小，总经理与团队其他高管之间的平均薪酬差距为 20 万元左右，比较稳定。电热燃气及水生产供应业、公共设施管理业、租赁服务业、卫生和社会服务业总经理与团队其他高管的平均薪酬差距随年份变动较大，表明在这些行业中公司业绩对总经理和其他高管的薪酬水平影响很大——当经营情况好转时，高管间的薪酬差距快速增加，而经营情况不好时，高管间的薪酬差距快速减少。文化、体育和娱乐业，农林牧渔业，住宿和餐饮业总经理与团队其他高管的平均薪酬差距逐年递减，尤其在 2014 年，上述行业总经理与团队其他高管的平均薪酬差距大幅缩窄，行业内高管的薪酬趋于一致。信息技术服务业总经理与团队其他高管的平均薪酬差距 5 年来基本没有变动，保持了薪酬的一致性，表明该行业的发展比较成熟平稳，薪酬差距稳定。

表 4 - 2　2010—2014 年我国民营上市公司总经理与团队其他
高管平均薪酬差距的行业分布

单位：万元

行　　业	2010 年	2011 年	2012 年	2013 年	2014 年
金融业	313.4	103.2	72.0	143.8	109.8
房地产业	18.7	19.5	31.7	49.0	54.0
租赁服务业	-1.8	6.5	27.6	41.8	19.5
综合业	12.0	14.8	23.0	43.3	35.8

续表

行　　业	2010 年	2011 年	2012 年	2013 年	2014 年
科研与技术服务业	2.8	14.5	10.4	15.8	25.9
采矿业	25.0	26.3	20.2	23.1	21.9
建筑业	22.9	21.3	19.8	19.4	21.5
信息技术服务业	11.7	12.1	12.1	14.6	13.4
电热燃气及水生产供应业	6.9	13.4	14.3	21.0	23.5
制造业	17.1	19.2	21.0	21.0	23.1
交通运输及仓储邮政业	27.3	26.2	28.7	29.4	25.0
卫生和社会服务业	15.0	6.6	13.9	25.6	12.1
批发零售业	14.5	21.6	23.2	27.9	26.3
文化、体育和娱乐业	45.9	41.6	31.6	42.1	16.4
公共设施管理业	15.6	8.0	19.2	11.1	20.0
农林牧渔业	13.8	20.1	22.2	15.2	10.1
住宿和餐饮业	30.7	29.8	20.9	37.2	5.5

第二节　民营上市公司高管交易现状分析

一、我国高管交易制度的发展

　　早期的《中华人民共和国公司法》和《中华人民共和国证券法》对于高管交易行为采取禁止的态度，如 1999 年实施的《中华人民共和国公司法》第一百四十七条规定："公司董事、监事、经理应当向公司申报所持有的本公司的股份，并在任职期间内不得转让。"这就明确规定高管在职期间转让自己公司的股份属于违法行为，这与当时国企在资本市场上的融资任务紧密相连。高管频繁的交易行为容易扭曲股价，引发资本市场的波动，禁止高管交易有利于保障国有企业顺利改革，因此企业更多是通过职位晋升的方式对高管进行补偿，此时对高管更有约束的是行政处罚而不是法律处罚。

2005 年 9 月 4 日，中国证券监督管理委员会颁布了《上市公司股权分置改革管理办法》，通过对价支付的方式将公司大部分非流通股转变为流通股。股权分置改革彻底改变了上市公司同股不同权、同股不同价的问题，从根本上为高管持有的非流通股交易扫平障碍。随着经济发展的提速和金融改革的不断深化，为增加上市公司股票的流动性，使其价格变动更符合市场规律，2006 年全国人民代表大会通过了新的《中华人民共和国公司法》和《中华人民共和国证券法》，解禁上市公司高管交易，并对高管交易行为做出详细的规定，随后《上市公司董事、监事和高级管理人员所持本公司股份及其变动管理规则》《深圳证券交易所上市公司董事、监事和高级管理人员所持本公司股份及其变动管理业务指引》《关于进一步规范中小企业板上市公司董事、监事和高级管理人员买卖本公司股票行为的通知》相继出台，对我国高管交易做出更加具体有效的规定。其中，2006 年的《中华人民共和国公司法》第一百四十一条规定："公司董事、监事、高级管理人员应当向公司申报所持有的本公司的股份及其变动情况，在任职期间每年转让的股份不得超过其所持有的本公司股份总数的百分之二十五。"2006 年的《中华人民共和国证券法》第四十七条规定："上市公司董事、监事、高级管理人员、持有上市公司股份百分之五以上的股东，将其持有的该公司的股票在买入后六个月内卖出，或者在卖出后六个月内又买入，由此所得收益归该公司所有，公司董事会应当收回其所得收益。"

2005 年的股权分置改革将高管所持有的非流通股转变为流通股，2006 年的《中华人民共和国公司法》和《中华人民共和国证券法》解禁高管交易，为高管的交易行为提供了法律依据。这一时期我国公司出口乏力，企业正处在转型升级的过程中，高管在转型过程中掌握大量的公司内部信息，对公司的发展前景有着更准确的判断，其交易行为日趋频繁。为深入了解这一时期民营上市公司高管交易行为的特征，本章对民营企业的高管交易行为进行分类统计。

二、高管交易行为的现状

2006年解禁高管交易以来，高管交易行为逐年增加，本书重点关注薪酬契约对高管交易行为效应。为排除金融危机等系统性事件对研究结论的影响，本书选取2010—2014年作为研究样本，本部分对此期间的民营上市公司高管交易频率和高管交易金额进行分类统计，以期加深对高管交易行为特征的理解。

图4-6是2010—2014年民营上市公司高管交易频率和交易金额。从图4-6可以看出，2010年高管共进行交易756次，交易总金额为10.66亿元。2011年高管的交易频率和交易金额都出现快速增长，交易频率为807次，交易总金额达到13.87亿元。2012年高管的交易活动基本与2011年持平，交易频率为824次，交易金额为13.83亿元。2012年后高管交易呈现爆发式增长，2013年全年高管共交易1 310次，交易总金额为31.07亿元，2014年全年高管共交易1 392次，交易金额为43.32亿元，表明2012年后高管交易频率快速上升，单笔交易数额巨大，高管交易频繁。结合图4-3可以发现，正是当高管薪酬涨幅快速下滑时，高管交易行为的频率加剧，交易金额迅速提升，因此高管交易行为很可能是高管经营公司的付出无法得到公司回报时的自我激励行为，即通过二级市场的超额收益弥补其经营公司付出的时间成本和精力成本。

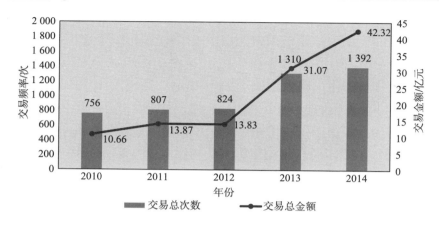

图 4 - 6　2010—2014 年民营上市公司高管交易频率及交易金额

（数据来源：根据国泰安 CSMAR 数据库整理）

图 4 - 7 所示为区分高管交易方向后民营上市公司 2010—2014 年的高管交易频率和交易金额。从图 4 - 7 可以看出，2010 年高管买入股票 91 次，买入股票的总金额为 0. 19 亿元，卖出股票 665 次，卖出股票的总金额为 10. 47 亿元，表明高管卖出股票的次数约为买入股票的次数的 7. 3 倍，卖出金额约为买入金额的 55 倍。2011 年高管的买入次数和金额有了较快的提升，买入股票的总金额达到 0. 83 亿元，卖出股票的次数基本保持不变，卖出股票的总金额增长约 24. 55%。2012 年高管的买入次数和金额均大幅增加，达到 236 次和 1. 07 亿元，卖出股票的次数和金额小幅减少。2013 年高管的买入金额和卖出金额均出现快速提升，买入金额增长约 72. 9% 至 1. 85 亿元，卖出金额增长约 129. 0% 至 29. 22 亿元，卖出股票的次数增长约 92. 2% 至 1 130 次，是高管交易快速增长的一年。2014 年高管的交易频率和交易金额在 2013 年的基础上有小幅增长，开始趋于稳定。从图 4 - 7 可以发现，高管交易中大部分为高管的卖出交易行为，卖出交易的频率和金额均远远大于高管的买入交易行为。

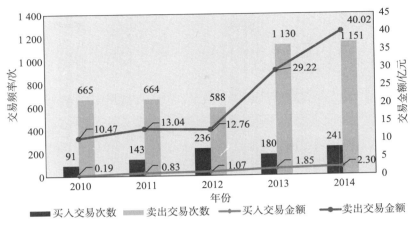

图4-7 区分高管交易方向后民营上市公司 2010—2014 年的高管
交易频率和交易金额

（数据来源：根据国泰安 CSMAR 数据库整理）

图4-8 所示为区分高管本人及亲属的民营上市公司 2010—
2014 年的高管交易频率和交易金额。从图4-8 可以看出，2010
年高管本人交易 585 次，交易总金额为 8.3 亿元，高管亲属交易
171 次，交易总金额为 2.35 亿元，高管本人交易次数约为亲属的
3.42 倍，交易金额约为亲属交易的 3.53 倍。2011 年，高管本人
的交易金额上涨约 51.7% 至 12.59 亿元，高管本人的交易次数上
涨约 7.7% 至 630 次，表明高管本人单次交易金额变大；高管亲
属的交易次数基本没变，交易金额下降约 45.5% 至 1.28 亿元，
表明高管亲属对交易持谨慎的态度。2012 年高管本人和亲属交易
的情况基本与 2011 年相同，并未发生很大的变化。2013 年高管
本人和亲属的交易均出现大幅上升，其中高管本人的交易次数上
升约 65.7% 至 1 054 次，交易金额上升约 77.6% 至 21.90 亿元；
高管亲属的交易次数上升约 36.2% 至 256 次，交易金额上升约
515.4% 至 9.17 亿元，高管亲属的交易金额出现爆发式增长。
2014 年高管本人的交易次数小幅上涨至 1 140 次，交易金额小幅

下降至 20.78 亿元，而高管亲属的交易次数小幅下降至 252 次，但是交易金额快速上涨约 134.9% 至 21.54 亿元，超过高管本人的交易金额，表明 2013 年以来高管更多的是通过其亲属进行交易，高管亲属的交易行为呈现井喷式增长。

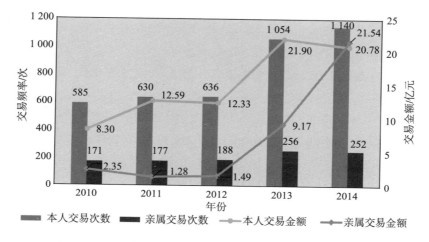

图 4 - 8   2010—2014 年民营上市公司高管本人及亲属交易统计

（数据来源：根据国泰安 CSMAR 数据库整理）

图 4 - 9 所示为区分高管交易方式的民营上市公司 2010—2014 年的高管交易频率和交易金额。从图 4 - 9 可以看出，2010 年高管大宗交易 19 次，竞价交易 737 次，大宗交易金额为 4.00 亿元，竞价交易总金额为 6.66 亿元，高管主要通过竞价交易的方式进行股票的增减持行为。2011 年高管大宗交易 60 次，竞价交易 747 次，大宗交易金额为 7.51 亿元，竞价交易金额为 6.36 亿元，表明竞价交易的次数和金额保持稳定，而大宗交易的次数和金额出现快速上涨，其交易金额开始超过竞价交易的金额。2012 年高管通过大宗交易和竞价交易增减持股票的情况基本与 2011 年相同。2013 年高管大宗交易次数提升约 94% 至 130 次，交易金额提升约 145% 至 19.42 亿元，竞价交易次数提升约 55.9% 至 1 180

次，交易金额提升约 97.8% 至 11.65 亿元，大宗交易和竞价交易均快速增长。2014 年竞价交易次数增长至 1 262 次，交易金额小幅增长至 14.13 亿元，大宗交易交易次数保持不变，但交易金额增长约 45.2% 至 28.19 亿元，表明单笔大宗交易金额快速提升。

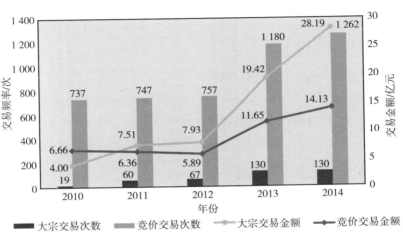

图 4 – 9　2010—2014 年民营上市公司不同交易方式下的高管交易统计

（数据来源：根据国泰安 CSMAR 数据库整理）

表 4 – 3 是 2010—2014 年民营上市公司高管交易频率及交易金额的行业分布。从表 4 – 3 可以看出，高管交易金额最多的行业依次是制造业、信息技术服务业、建筑业、采矿业、交通运输及仓储邮政业、科研与技术服务业、批发零售业、房地产业、卫生和社会服务业、公共设施管理业等。其中，制造业的高管共交易 3 590 次，交易金额为 71.41 亿元，排名第一；信息技术服务业高管的交易次数为 578 次，交易金额为 23.93 亿元，排名第二；建筑业高管的交易次数为 177 次，交易金额为 4.76 亿元，排名第三。其他行业高管的交易次数和交易金额均较少。结合表 4 – 1 和表 4 – 2 可以发现，上述三个行业高管薪酬均在 40 万元左右，并且行业间高管的薪酬差距较小，这可能是因为这三个行业内公司的竞争比较激烈，公司业务趋同，所以管理者的薪酬难以拉开差

距。同时，高管掌握公司生产经营的内部信息，因此高管更可能
会利用掌握的私有信息进行交易以获得额外的收益。

表4-3　2010—2014年民营上市公司高管交易频率及交易金额的行业分布

单位：亿元

行　　业	高管交易频率	高管交易金额
制造业	3 590	71.41
信息技术服务业	578	23.93
建筑业	177	4.76
采矿业	103	2.86
交通运输及仓储邮政业	47	1.94
科研与技术服务业	100	1.68
批发零售业	109	1.00
房地产业	95	0.70
卫生和社会服务业	19	0.66
公共设施管理业	42	0.56
农林牧渔业	79	0.52
租赁服务业	60	0.40
文化、体育和娱乐业	28	0.29
金融业	13	0.20
电热燃气及水生产供应业	13	0.10
住宿和餐饮业	11	0.04
综合业	7	0.00

第三节　小　　结

首先，本章对2010—2014年民营上市公司高管薪酬的状况进
行统计汇总，发现高管薪酬水平随着经济的发展快速提高，其中
2012年前高管薪酬的增长幅度逐年递增，2012年到达峰值后高管
薪酬的增速逐年递减，而且高管团队中普通高管的薪酬增长要快

于总经理的薪酬增长。高管团队成员间薪酬差距的绝对值逐年递增，2012年前薪酬差距的增长率逐年递增，2012年到达峰值后薪酬差距的增长率逐年递减，公司总经理的薪酬和其他高管薪酬平均值的比值逐年下降，表明虽然薪酬差距的绝对值逐年递增，但是相对薪酬差距逐年递减。不同行业高管间的薪酬差距明显，其中金融业、房地产业、租赁服务业的薪酬差距最高。这一时期各行业的薪酬差距均有扩大的趋势。

其次，本章分析了与高管交易行为相关的法律法规。2005年的股权改革和2006年的《中华人民共和国公司法》为高管交易扫清了法律的阻碍。通过分析2010—2014年民营上市公司高管的交易行为可以发现，2010—2012年高管交易次数和交易金额缓慢增长；2013—2014年高管交易次数和交易金额呈现爆发式增长，高管的交易行为主要为卖出行为；2013年后高管亲属交易快速增长，在2014年高管亲属的交易金额已经超过高管本人的交易金额。同时，这一时期高管的大宗交易单笔交易数额快速扩大，高管交易行为日益频繁，制造业和信息技术服务业的高管更喜欢进行公司股票的增减持交易。

通过对比高管薪酬和高管交易行为的统计可以发现，高管的交易行为更容易发生在薪酬增速下降的时间段内；同时，薪酬差距比较平均的制造业和信息技术服务业是高管交易集中的行业；这一时期高管亲属的交易行为大量增加，交易金额巨大，这可能是因为法律法规加强了对高管本人交易的监管，因而高管转向更为隐蔽的亲属交易，同时高管亲属交易行为不受6个月内不得反向交易的禁令的影响，交易限制少，交易方式灵活，因而监管部门需要加强对高管亲属交易的追踪和监管。

第五章

薪酬契约对高管个人交易效应的实证分析

本章重点关注高管薪酬契约对高管个人交易行为的影响。高管个人交易行为主要考虑高管交易的择时能力和获利能力这两个主要特征。正如第三章中的薪酬三维模型分析的情况，高管薪酬水平和不同企业间的薪酬结构共同决定了高管自身的薪酬满意度。当高管的薪酬能够满足高管经营公司所付出的努力时，高管薪酬满意度提高，预期高管会减少交易行为中利用私有信息的程度，从而减少交易可能引发的声誉风险和诉讼风险，但却导致其交易的择时能力和获利能力降低。而当高管薪酬满意度降低时，预期高管会增加交易行为中的私有信息含量以获得更多的收益，以此来弥补薪酬与努力程度间的不匹配，其交易的择时能力和获利能力增强。因此，通过薪酬契约的三个维度和高管交易择时能力和获利能力的实证检验能够判断公司的薪酬契约体系是否合理、能否起到激励高管的作用。

在高管面临的公司内外部治理环境相同的情况下，薪酬满意度能够影响高管的交易动机和使用公司内部信息交易的意愿。当高管薪酬满意度低时，高管会倾向于使用更多的内部信息增加交易获利；当高管薪酬满意度高时，高管会更在意利用私有信息交易所带来的诉讼风险和声誉风险，倾向于减少交易行为中的私有信息含量。但是，高管交易的择时能力和获利能力同时受到高管掌握私有信息量的影响。当高管能够利用更多私有信息进行交易时，高管交易的择时能力更强；当高管掌握的内部信息有限，不能利用更多私有信息进行交易时，高管相对于外部投资者没有明显信息优势，交易难以获得超额收益。不同高管由于在企业运营中的分工不同，能够接触到的公司内部信息量存在差异，因而在分析薪酬契约对高管交易择时能力和获利能力的作用时需要考虑公司内的高管掌握内部信息程度的异质性对其交易能力的影响。

进一步，本章分类分析了高管的买入和卖出交易及高管本人交易和亲属交易，讨论了薪酬契约对高管交易获利能力影响的异质性，丰富了薪酬契约实施效果的检验，为高管薪酬体系的优化和改进提供经验证据。

第一节　理论分析与研究假设

薪酬契约对高管激励不足时，高管会利用公司内部信息交易获利以进行自我激励（Barbedo et al.，2010）。当公司的薪酬契约与高管付出的努力程度不匹配时，高管会感觉到自身的努力没有获得应有的回报，此时高管会产生不公平感。同时，由于高管在经营决策中能够接触到企业大量的内部信息，高管相对于外部投资者具有信息优势（Jaggi et al.，2007），而股票价格是信息的集合体现，因此高管处在信息优势时能更准确地判断当前股票价格的合理性和价格未来的变动趋势，进而能够利用其掌握的公司内部信息提前交易股票，等到信息披露股价回调后再反向交易，从而获得超额收益（Gregory et al.，2010）。但是，高管利用私有信息的交易行为会影响外部投资者对于股票市场的判断，降低高管所处公司的声誉，增加公司股价崩盘的风险（Cohen et al.，2012）；同时，高管的交易行为很可能会引起市场的羊群效应，导致外部投资者跟风操作，加剧资本市场股价的波动，对公司的融资和运营产生不利的影响（曾庆生，2014），因此减少高管利用私有信息的交易、减少高管交易动机是上市公司股东关注的重要问题。公司董事会需要考虑适时调整公司内部的薪酬契约体系，使得高管的报酬和高管自身的努力相匹配，从而从源头上减少高管交易获利的动机。高管对薪酬水平的期望是考虑自身努力程度、薪酬内外部差距及公司内外治理环境后的结果，当公司给予高管的薪酬水平低于高管的薪酬期望时，高管会利用公司内部更多的私有信息进行交易，以获取更多的超额收益。

高管交易的择时能力和获利能力是衡量高管交易的重要特征指标（郭雪萌 等，2016），体现了高管利用公司内部信息的程度，是已有国内外学者研究高管个人交易行为时主要关注的特征（Seyhun，1986）。高管交易中使用私有信息的程度越大，面临的诉讼风险和声誉风险越高，同时其择时获利的能力更强。择时能力主要指高管选择交易时机的能力。由于高管相对于外部投资者掌握更多的私有信息，其对于股票的真实价值有更加准确的判断，高管会选择股价与公司股票真实价格相差较远时进行交易，等到股价恢复到真实价值附近时再进行反向交易，从而获得超额收益（Meulbroek，1992）。高管掌握的公司内部信息越多，其与外部投资者之间的信息不对称越大，当高管将更多的私有信息运用到股票交易时，其择时能力更强，因而能够获得更多的超额收益（Fishe et al.，2004）。当高管不利用私有信息进行股票交易时，其相对于外部投资者并不具有明显的信息优势，其择时能力较弱，不具有显著获利能力。本章利用窗口事件法，将每个高管的交易行为作为事件窗口，研究高管交易相对于市场平均回报的超额收益，以此度量高管选择时机的能力，反映高管在交易中使用私有信息的程度。同时，值得注意的是，超额收益反映的择时能力并没有将高管交易量的因素考虑在内，因此本章采用获利能力作为度量高管交易实际收益的指标。获利能力是高管交易择时能力、交易价格和交易量的乘积，反映高管每次交易行为的实际获利（郭雪萌 等，2016）。借助委托代理理论分析可得，当高管的薪酬水平无法达到高管的心理预期时，高管的薪酬满意度下降，此时高管会倾向于利用更多的私有信息进行交易，从而具有更强的择时能力；同时，高管会加大交易的数量，从而获得更多的超额收益，具有更强的获利能力。而当高管的薪酬水平较高时，高管获得的薪酬能够满足其自身对于薪酬的预期，此时高管会更加关注交易行为所引致的法律风险和声誉风险，减少利用公司内部信息的交易行为，表现为高管交易的择时能力和获利能力下降。

基于上述分析，本书提出假设 H1a。

H1a：高管个人薪酬水平与高管交易的择时能力和获利能力负相关。

薪酬是股东对高管经营公司付出努力的物质回报，当高管的努力能够为股东创造更多的价值时，高管将获得更高的薪酬，接触到更多的公司内部经营信息并参与企业重大的战略决策（Babenko et al.，2012）。高额的薪酬将促进高管提高努力程度，丰富专业知识，提高专业技能，使其对行业和公司发展的认知更加准确，导致其具有信息处理的比较优势。而高管的低薪酬可能表明高管的努力并不能快速增加企业价值，其管理能力和经营能力较低，因此低薪酬的高管可能只能参与部分公司经营活动并做出对非重大企业战略的表决，其掌握公司的内部信息较少，相对于外部投资者的信息优势较弱。根据上述分析，高管的薪酬反映了高管对企业内部信息的掌握程度，能够区分公司内部信息层级，高薪酬的高管掌握了公司更多的内部信息，而低薪酬的高管掌握公司部分的内部信息。传统经济学理论中的经济人假设表明高管都是理性且自利的，当公司内外部治理环境一般、高管利用私有信息交易的法律风险和声誉风险较低时，高管会利用更多的私有信息交易以获得超额收益。薪酬高的高管掌握公司内部私有信息更多，对信息的处理能力更强，对公司股票价格走势的判断更加准确，其利用大量私有信息的交易行为相对于外部投资者具有更强的择时能力和获利能力；低薪酬的高管掌握公司内部的私有信息有限，在进行股票交易时能够利用的私有信息较少，处理信息的能力较差，导致其交易行为的择时能力和获利能力有限，相对于高薪酬的高管只能获得较少的超额收益。因此，根据信息层级理论，高管的薪酬水平能够反映高管接触掌握公司内部信息的程度，进而影响高管利用私有信息交易的择时能力和获利能力。

薪酬高的高管掌握更多公司的内部信息，因此其交易中含有更高的信息含量，交易的择时能力和获利能力更强，为此提出假设 H1b。

H1b：高管个人薪酬水平与高管交易的择时能力和获利能力正相关。

薪酬契约设计不仅包含高管获得的薪酬绝对水平，也包含管理团队内部的薪酬结构设计（林浚清 等，2003）。薪酬结构主要包含内部薪酬差距和外部薪酬差距。对于高管个人来说，内部薪酬差距主要指高管的薪酬水平和公司管理层的平均薪酬水平之间的差距，外部薪酬差距主要指高管的薪酬水平与行业内其他公司管理层的平均薪酬水平之间的差距。因此，高管对薪酬契约的满意度可以划分为三个层次，即高管对自身薪酬水平的薪酬满意度、高管相比于团队成员的薪酬满意度、高管相比于行业内其他高管的薪酬满意度。当高管认为薪酬水平高于自身努力的付出时，高管对薪酬水平的满意度较高；当高管认为自身的薪酬高于团队内付出相同努力的其他高管的薪酬时，高管在团队内的薪酬满意度较高；当高管认为自身的薪酬高于行业内付出相同努力的其他高管的薪酬时，高管在行业内的薪酬满意度较高。三种薪酬满意度会对高管总体的薪酬满意度起到相互交叉的影响，共同决定高管对于自身薪酬的看法。同时，三种薪酬满意度又是相互联系的，当高管的薪酬水平改变时，也会改变高管相对于团队内部和行业内部其他高管的相对薪酬水平，即对高管薪酬的内部差距和外部差距产生影响，进而改变高管最终的薪酬满意度。

高管个人薪酬相对于团队平均薪酬的内部薪酬差距能够影响高管在团队内的薪酬满意度（Leonard，1990）。本章采用高管个人薪酬和团队内其他高管薪酬平均值的比值作为高管个人的内部薪酬差距。正向内部薪酬差距越大，表明高管薪酬水平高于团队平均薪酬水平的程度越大，高管在团队内的薪酬水平更高；负向内部薪酬差距越大，表明高管薪酬水平低于团队平均薪酬水平的程度越大，高管在团队内的薪酬水平更低。参照点理论表明，高管个人的薪酬满意度不仅取决于其获得的绝对报酬的多少，更取决于团队内部其他高管的薪酬。团队高管成员为了提升公司价值这一相同的目标，共同经营公司，共同做出决策，并将其付诸到企业经营实践；团队成员之间目标一致，仅有分工不同，因而高管团队间的薪酬具有一定的可比性，高管成员个体也会更加注重自身薪酬和团队内部其他高管薪酬的差值（俞震 等，2010）。当高管薪酬水平与团队平均薪酬的正向差距较大时，高管处在"赢项"，更容易对自身薪酬产生满足感（王永乐 等，2010）；同时，考虑到高管的交易行为需要承担一定程度的法律风险和声誉风险，因此高管薪酬高于团队平均薪酬越多，高管越倾向于采取风险规避的态度，减少交易行为中使用的私有信息含量，以规避交易带来的法律风险和声誉风险（郭雪萌 等，2016）。交易行为中私有信息含量的减少导致高管交易行为的择时能力和获利能力减弱，相对于外部投资者无法获得超额的收益。而当高管的薪酬水平远低于团队平均薪酬水平时，高管处在"输项"，容易对团队内的薪酬公平性产生怀疑，此时高管倾向于承担更多的法律法规风险，利用掌握的私有信息交易获利，以弥补自身公平感的缺失，通过交易行为获得薪酬之外的收益。高管在交易时利用的私有信息量增加导致高管交易行为的择时能力和获利能力增强。基于上述分析，本书提出假设 H2。

H2：高管个人内部薪酬差距与高管交易的择时能力和获利能力负相关。

本章采用高管薪酬和行业内其他高管薪酬平均值的比值作为高管个人的外部薪酬差距。正向外部薪酬差距越大，表明高管的薪酬水平高于行业内其他高管平均薪酬水平的程度越大，高管在行业内的薪酬水平更高；负向外部薪酬差距越大，表明高管的薪酬水平低于行业内其他高管平均薪酬水平的程度越大，高管在行业内的薪酬水平更低。根据参照点理论，高管除了关注自身薪酬外，还关注行业内其他高管的薪酬，但是行业间不同公司的特征存在较大差异，行业高管间的交流远没有公司内部高管团队间的交流频繁，因而行业高管间的薪酬攀比较弱（李新春，2003）。因此，参照点理论在行业薪酬差距对高管的交易动机和交易能力的解释上作用较弱（吴联生 等，2010）。民营企业间高管的流动性比国有企业高管的流动性更高。当高管的专业知识技能提升后，能够为公司创造更多的价值，从而能找到同行业内更好的公司就职，获得薪酬提升（步丹璐 等，2010）；薪酬的提升反过来又会激励高管更加努力地学习行业发展的相关知识，增加对本行业发展规律的研究分析，因此高管的高薪酬能够激励高管加深对行业和行业内公司发展规律及特征的了解，为公司的股东带来更多的价值。薪酬高的高管对行业未来的发展情况判断更加准确，能够起到引领行业发展、调整公司发展战略的作用。行业内的高薪高管往往深谙本行业的发展规律，对国家的产业规划及其影响有着独特的见解，因而在行业内发生突发事件时，能够快速调整对于公司股票价值的判断，具有经营优势和信息优势。当股票价格波动时，行业内的高薪高管能够利用自身的知识储备更加准确地调整对股票价值的评估。当实际股价与高管判断的价格差距加大时，高管会主动利用掌握的私有信息进行交易，从而具有更强的交易择时能力和获利能力。行业内低薪酬的高管未能获得股东的薪酬提升，表明相比于高薪高管，低薪高管对公司价值的增加贡献有限，行业要求的专业技能和知识储备有所欠缺，导致其难以深刻理解政策法规颁布等突发事件对于股票价值的影响，对于行业未来的发展趋势把握不足，因而当股票价格发生波动时，行业内的低薪高管由于知识和技能的欠缺，对公司股票价格的走势缺乏预见性，相比于行业内的高薪高管其掌握的私有信息有限，交易的择时能力和获利能力较差。

鉴于上述分析，提出假设 H3。

H3：高管个人外部薪酬差距与高管交易的择时能力和获利能力正相关。

第二节　研究设计与样本选择

一、样本选择与数据来源

本书选取 2010—2014 年 A 股民营非金融类上市公司作为初始的研究样本。样本研究区间的选取主要基于以下原因：① 2006 年的《中华人民共和国公司法》解除了上市公司高管交易限制，其后两年内高管交易仍不活跃，只有零星的高管交易行为，交易行为披露延迟的情况比较普遍，信息披露仍不规范，高管交易信息存在缺失；②2008年金融危机爆发，宏观环境波动导致高管的交易行为更多地出于流动性避险需求而非获利需求，不能有效地反映高管个人在交易行为中使用私有信息的程度，可能会影响本研究的结论；③2005年我国的股权分置改革开始实施，部分上市公司的股权分置改革直到2009年尚未全部完成，导致部分高管交易受限，无法将持有的股票自由交易，所以本书选取经济危机后宏观环境相对稳定的2010—2014年的数据作为研究样本，以减少宏观环境波动和股权分置改革等因素对结论的影响。

选择民营企业作为研究样本基于以下原因：①国有企业的上市公司高管受到多重政治监督，高管的薪酬激励方式更加多元化，包含政治晋升、在职消费等隐性激励，而民营企业的高管任命约束较少，高管主要关注于自身经营公司的收益，因此国有企业高管交易行为的动机和民营上市公司高管交易行为的动机可能存在较大差异；②考虑到民营上市公司面临的经营环境更加市场化，没有保就业等社会负担，薪酬体系变动更加灵活，激励机制更加健全，研究民营上市公司的薪酬体系能够为国有企业的薪酬改革提供一定的借鉴作用；③国有企业高管在不同公司间的流动性较差，声誉机制和流动机制对高管行为选择的影响有限，高管交易约束机制的市场化程度不足，与民营企业的高管交易环境存在较大差别。因此，本书选取民营上市公司作为研究样本，提取实证数据。

在初始样本的基础上，本书按照以下的条件筛选和处理样本。

（1）剔除变量数据缺失的样本，剔除高管个人特征、企业特征等控制变量缺失的样本，并对样本中的连续变量按照1%的比例进行Winsorize处理，以消除极端值的影响。

（2）剔除金融类和 ST 企业的样本。

（3）剔除大宗交易、竞价交易和二级市场买卖三种交易方式外的高管持股变动样本。

（4）剔除股份变动绝对数值少于 1 000 的高管交易样本。

（5）剔除运用窗口事件法时高管交易日前后 120 天内存在停牌导致的股票数据缺失样本。

（6）剔除非高管团队的监事和董事交易样本。

（7）剔除高管薪酬为 0 或高管薪酬缺失的样本。

（8）考虑到民营企业中的家族企业管理人员可能持有大量公司股票，此时货币性薪酬对高管交易的行为约束可能较小，为防止家族控股的民营公司对研究结论的影响，本书剔除高管团队持股总数占总股本高于 10% 的样本，以减少家族创业型上市公司对实证结论的影响。

高管交易数据来源于深圳证券交易所和上海证券交易所披露的上市公司的高级管理人员在二级市场上买入和卖出本公司股票的交易数据，薪酬数据和控制变量来源于 CSMAR 数据库。

二、研究设计

本书以高管个人交易行为为切入点，研究公司薪酬体系（薪酬水平、内部薪酬差距、外部薪酬差距）与高管个人交易的择时能力和获利能力的关系。为验证上述假设，本书提出的实证检验模型为：

$$
\begin{aligned}
\mathrm{CAR20}_{i,j,t}/\mathrm{CAR120}_{i,j,t} ={}& \beta_0 + \beta_1 \mathrm{COMP}_{i,j,t-1} + \beta_2 \mathrm{INGAP}_{i,j,t-1} + \\
& \beta_3 \mathrm{OUTGAP}_{i,j,t-1} + \beta_4 \mathrm{TRANCODE}_{i,j,t} + \\
& \beta_5 \mathrm{RELATIONSHIP}_{i,j,t} + \beta_6 \mathrm{TMSHARE}_{i,t-1} + \\
& \beta_7 \mathrm{FIRST3}_{i,t-1} + \beta_8 \mathrm{DUAL}_{i,t-1} + \beta_9 \mathrm{INDEP}_{i,t-1} + \\
& \beta_{10} \mathrm{SEPERATION}_{i,t-1} + \beta_{11} \mathrm{INSTITUTION}_{i,t-1} +
\end{aligned}
$$

$$\beta_{12}\mathrm{ROA}_{i,t-1} + \beta_{13}\mathrm{SIZE}_{i,t-1} + \beta_{14}\mathrm{LEV}_{i,t-1} +$$
$$\beta_{15}\mathrm{MTB}_{i,t-1} + \beta_{16}\mathrm{SOE}_{i,t-1} + \varepsilon_{i,t} \qquad (5-1)$$

$$\mathrm{SVALUE}_{i,j,t}/\mathrm{LVALUE}_{i,j,t} = \beta_0 + \beta_1\mathrm{COMP}_{i,j,t-1} + \beta_2\mathrm{INGAP}_{i,j,t-1} +$$
$$\beta_3\mathrm{OUTGAP}_{i,j,t-1} + \beta_4\mathrm{TRANCODE}_{i,j,t} +$$
$$\beta_5\mathrm{RELATIONSHIP}_{i,j,t} + \beta_6\mathrm{TMSHARE}_{i,t-1} +$$
$$\beta_7\mathrm{FIRST3}_{i,t-1} + \beta_8\mathrm{DUAL}_{i,t-1} +$$
$$\beta_9\mathrm{INDEP}_{i,t-1} + \beta_{10}\mathrm{SEPERATION}_{i,t-1} +$$
$$\beta_{11}\mathrm{INSTITUTION}_{i,t-1} + \beta_{12}\mathrm{ROA}_{i,t-1} +$$
$$\beta_{13}\mathrm{SIZE}_{i,t-1} + \beta_{14}\mathrm{LEV}_{i,t-1} +$$
$$\beta_{15}\mathrm{MTB}_{i,t-1} + \beta_{16}\mathrm{SOE}_{i,t-1} + \varepsilon_{i,t}$$
$$(5-2)$$

在式（5-1）和式（5-2）中，高管交易行为特征从高管的择时能力和获利能力两个方面考虑。其中，择时能力的度量采用事件研究法，取高管交易后一个月和半年的时间度量高管交易的短期择时能力和长期择时能力。根据曾亚敏和张俊生（2009）的研究统计，高管短期交易的平均持股天数是 32 天，所以本书取高管交易后一个自然月的时间度量高管短期交易的择时能力和获利能力。根据《中华人民共和国证券法》第四十七条的规定，上市公司高管在交易后 6 个月内不得进行反向交易，所以本书取 6 个月的时间作为高管交易的长期收益度量期间。一个自然月时间对应 20 个交易日，半年的时间对应 120 个交易日。

高管的择时能力采用事件研究法衡量，并利用市场模型法估计高管交易的超额收益。取高管交易的时间为 $t=0$ 天。R_i，t 表示股票 i 在 t 日的日收益率，R_m，t 表示市场在 t 日的日收益率。每日的股票异常收益率为 AR_i，$t=R_i$，$t-(\alpha_i+\beta_i\times R_m, t)$，其中 α_i、β_i 根据每只股票的估计期（-120，-21）收益率数据估计得到。本书以高管交易后 20 个交易日（相当于 1 个自然月）

的累计异常回报 CAR20 来度量高管短期的择时能力。长期累积异常收益率取高管交易后 120 个交易日（相当于 6 个自然月）的累积异常收益率 CAR120 来表示高管长期的择时能力。当高管卖出股票时，CAR20 和 CAR120 取负数，表明了高管选择交易时机以避免损失的能力。

以往的研究往往只关注于高管交易的择时能力，而忽略了高管交易的获利能力，因此不能全面描述高管交易获利的现实情况（郭雪萌 等，2016）。本书加入交易量和交易价格的考虑因素，将高管交易价格和交易量两个维度进行组合，计算高管交易的短期获利能力（SVALUE）和长期获利能力（LVALUE）。SVALUE 为高管短期超额收益率（CAR20）、高管交易均价和交易股数乘积的对数，LVALUE 为高管长期超额收益率（CAR120）、高管交易均价和交易股数乘积的对数。

$COMP_{i,j,t-1}$ 表示公司 i 的高管 j 在时间 $t-1$ 年时获得的货币性薪酬总数，取高管 j 当年基本工资、绩效工资、奖金和津贴总额的对数；$INGAP_{i,j,t-1}$ 表示高管在第 $t-1$ 年时其个人薪酬和高管团队内部平均薪酬的差距，用高管个人薪酬和高管团队平均薪酬的比值进行计算，INGAP 的数值越大，表明高管相对于团队平均薪酬水平拥有更高的薪酬；$OUTGAP_{i,j,t-1}$ 表示高管在第 $t-1$ 年时其个人薪酬和行业高管平均薪酬之间的差距，用高管个人薪酬和行业高管的平均薪酬的比值进行计算，OUTGAP 的值越大，表明高管拥有相对于行业高管平均薪酬更高的薪酬。

TRANCODE、RELATIONSHIP 是高管个人特征的控制变量，其中 TRANCODE 表明高管的交易方式。高管买入股票时更多是出于对公司未来价值提升的判断，高管的交易行为含有更多的预判性，而高管的卖出行为可能是因为高管的资金流动性、资源配置、税务优化或者价值判断等因素，因此需要设置 TRANCODE 分别考虑高管买入和卖出行为对股票交易量和择时能力的影响。当高管进行股票的买入交易时，TRANCODE 取 1；当高管进行股票的卖出交易时，TRANCODE 取 0。RELATIONSHIP 为判定是否为高管本人交易的变量。当高管本人交易时，RELATIONSHIP 取 1；当高管亲属交易时，RELATIONSHIP 取 0。已有研究表明，高管本人更多受到公司规章制度的束缚，其交易行为并不能完全自由地反映自身对于股票未来价值的判断，而高管亲属则不受法律法规及公司章程的约束，只需要履行披露的义务即可，因此相比于高管本人更能把握股票交易的时机。但是，高管亲属并不是公司信息的直接接触者，公司信息在传输过程中存在一定的损失，同时高管亲属对于公司的了解也不如高管本人，因此亲属交易相比于高管可能更加盲目。基于上述分析，亲属和非亲属关系有可能影响交易人的行为选择，因此有必要考虑亲属和非亲属关系对于高管交易行为的影响。

公司特征也会对实证结果产生一定的影响。本部分的研究模型选取股权集中度（FIRST3）、两职合一（DUAL）、独立董事比例（INDEP）、两权分离程度（SEPERATION）、机构投资者持股（INSTITUTION）作为公司特征的替代变量，其中：FIRST3 是公司前三大股东的持股数量占公司总流通股股数的比值；DUAL 为两职合一替代变量，当上市公司的总经理和董事长是同一个人时取 1，不是同一个人时取 0；INDEP 代表上市公司独立董事占公司董事总数的比例；SEPERATION 代表公司所有权和经营权的分离程度；INSTITUTION 是上市公司中机构投资者的持股比例，由机构投资者持股总数除以上市公司流通股总股数所得。其他公司特征的控制变量如表 5 - 1 所示。

表 5 - 1 其他公司特征的控制变量的定义及说明

变量类别	变量名称	变量符号	变量的定义及说明
因变量	短期择时能力	CAR20	市场法估算高管交易后 20 天所得的超额收益率
	长期择时能力	CAR120	市场法估算高管交易后 120 天所得的超额收益率
	短期获利能力	SVALUE	CAR20、高管交易均价和交易股数乘积的对数
	长期获利能力	LVALUE	CAR120、高管交易均价和交易股数乘积的对数
自变量	薪酬水平	COMP	高管个人的薪酬取对数
	内部薪酬差距	INGAP	高管个人薪酬和公司内高管平均薪酬的比值
	外部薪酬差距	OUTGAP	高管个人薪酬和行业内高管平均薪酬的比值
控制变量	交易方向	TRANCODE	高管买入交易时取1，卖出交易时取0
	是否高管本人交易	RELATIONSHIP	高管本人交易时取1，亲属交易时取0
	股权集中度	FIRST3	公司前三大股东持股比例
	两职合一	DUAL	总经理和董事长不是同一人取0，是同一人取1
	独立董事比例	INDEP	公司独立董事人数占董事会总人数的比例
	两权分离程度	SEPERATION	公司所有权和经营权的分离程度
	机构投资者持股	INSTITUTION	机构投资者持股比例
	总资产利润率	ROA	总利润除以期初资产加上期末资产的平均数
	公司规模	SIZE	总资产的对数
	公司负债率	LEV	负债合计/总资产
	市净率	MTB	收盘价当期值/（所有者权益合计/实收资本本期期末值）

第三节 实证检验与结果分析

一、描述性统计结果

表 5-2 列示了回归模型变量的描述性统计结果。从表 5-2 可以看出，高管个人短期交易的超额收益率均值和中位数分别为 -0.002 和 0.005，表明高管个人的短期交易行为难以获得超额收益。交易时机把握最好的高管获得了 42.7% 的超额收益，而交易时机把握最差的高管获得了 -71.9% 的收益，表明不同高管之间把握交易机会的能力差别很大。综合来看，高管短期的交易行为并没有获得显著的超额收益。高管个人长期交易的超额收益率均值和中位数分别为 0.027 和 0.029，表明长期来看，高管个人的交易行为能够获得 2.7% 的超额收益，这说明高管对于自身公司长期的发展规划和发展前景更为了解，能够获得比市场投资者更高的收益。SVALUE 和 LVALUE 的中位数分别为 5.506 和 7.027，也表明在考虑高管交易数量时，高管的短期交易和长期交易能获得更高的收益，即高管在交易信号明确、交易前景清晰时会买入更多的股票，从而获得较高收益，而当交易信号不明确、交易前景不清晰时，虽然高管交易可能会带来严重损失，但是由于高管交易数量较少，所以交易的损失不大。综合来看，高管交易是高管个人对于交易时机和交易数量的把控，高管个人的交易行为能够为高管带来超额收益。

COMP 的最小值和最大值为 8.780 和 15.864，表明不同公司高管间的收入存在较大差距。INGAP 的均值和中位数分别为 1 和 0.958，最小值和最大值为 0.029 和 5.488，表明大部分高管的收入低于平均值，高管收入的差距比较大，收入最低的高管其收入只占公司平均收入的2.9%，而收入最高的高管其收入是管理层平均收入的5.488倍。OUTGAP的均值和中位数分别为1.082和0.845，最小值和最大值为0.011和14.195，表明相比于公司内部差异，行业内高管薪酬的差异性更大，行业内低薪高管的人数较多，其中收入最少的高管其薪酬是行业平均薪酬的1.1%，而收入最高的高管其薪酬是行业平均薪酬的14倍多。

TRANCODE和RELATIONSHIP是描述交易者特征的变量，TRANCODE的均值为0.158，表明买入交易数量占样本总数的15.8%，卖出的交易数量占样本总数的84.2%。RELATIONSHIP的均值为0.82，表明高管本人的交易数量占样本总数的82%，高管亲属的交易数量占样本总数的18%。DUAL的均值为0.42，表明两职合一的公司占样本总数的42%。ROA的均值和中位数为0.068和0.064，表明大部分公司在研究期间内的盈利能力较好。LEV的均值和中位数为0.338和0.302，表明样本公司的负债率相对较低。

表5-2　回归模型变量的描述性统计结果

变量名称	数量	均值	最小值	上四分位	中位数	下四分位	最大值	方差
CAR20	25 258	-0.002	-0.719	-0.066	0.005	0.070	0.427	0.12
CAR120	18 066	0.027	-1.638	-0.192	0.029	0.250	1.587	0.38
SVALUE	25 258	0.373	-16.872	-10.072	5.506	10.096	16.568	10.12
LVALUE	18 066	0.615	-17.950	-11.000	7.027	11.271	18.210	11.27
COMP	25 258	12.747	8.780	12.282	12.786	13.198	15.864	0.76
INGAP	25 258	1.000	0.029	0.806	0.958	1.122	5.488	0.39
OUTGAP	25 258	1.082	0.011	0.502	0.845	1.277	14.195	1.06
TRANCODE	25 258	0.158	0.000	0.000	0.000	0.000	1.000	0.37
RELATIONSHIP	25 258	0.820	0.000	1.000	1.000	1.000	1.000	0.38
FIRST3	25 258	0.542	0.123	0.459	0.562	0.639	0.891	0.13
DUAL	25 258	0.420	0.000	0.000	0.000	1.000	1.000	0.49
INDEP	25 258	0.373	0.300	0.333	0.333	0.429	0.600	0.05

续表

变量名称	数量	均值	最小值	上四分位	中位数	下四分位	最大值	方差
SEPERATION	25 258	4.833	0.000	0.000	0.000	10.090	33.448	7.05
INSTITUTION	25 258	0.186	0.000	0.055	0.143	0.268	0.879	0.17
ROA	25 258	0.068	-0.218	0.029	0.064	0.100	0.246	0.06
SIZE	25 258	21.538	19.243	20.872	21.290	21.946	25.400	1.07
LEV	25 258	0.338	0.045	0.187	0.302	0.456	0.789	0.19
MTB	25 258	3.963	1.219	2.220	3.342	4.842	13.984	2.47

表5-3是主要回归变量之间的相关系数统计表。从表5-3可以看出，大部分变量的相关系数小于0.5，表明回归模型并不存在共线性的问题；同时，高管择时能力和获利能力的度量变量相关并且显著，初步的相关系数表明高管薪酬和择时能力正相关，而高管的内外部薪酬差距和获利能力的关系仍有待进一步检验。

表5-3　主要回归变量之间的相关系数统计表

变量	CAR20	CAR120	SVALUE	LVALUE	COMP	INGAP	OUTGAP
CAR20	1						
CAR120	0.479***	1					
SVALUE	0.803***	0.388***	1				
LVALUE	0.340***	0.800***	0.328***	1			
COMP	0.041***	0.046***	0.022***	0.032***	1		
INGAP	0	0	0	0	0.484***	1	
OUTGAP	0.041***	0.061***	0.0100	0.028***	0.803***	0.454***	1

注："*""**""***"分别表示在10%、5%、1%的水平上显著。

二、薪酬契约对高管个人交易效应的回归检验

为检验薪酬水平、薪酬内外部差距对高管长短期交易择时能力和获利能力的影响，将上述变量带入回归模型检验。表5-4是公司高管的薪酬水平、薪酬内外部差距与高管个人交易择时能力

和获利能力的回归检验。检验结果表明，高管薪酬水平越高，高管交易的短期择时能力和获利能力越强。实证结果拒绝了假设H1a，验证了假设 H1b，表明薪酬水平对高管交易获利的影响需要综合考虑高管交易动机和交易能力两方面的因素。薪酬水平高的高管掌握了公司内部更多的私有信息，更广泛地参与了公司的经营决策，比低薪酬水平的高管更能准确地判断公司未来的发展趋势，因此在公司特征和公司内外部治理环境相同、高管交易面临的交易风险相同的情况下，高薪酬的高管由于掌握更多的公司内部信息，能够准确判断公司股票的真实价值，其交易行为包含更多的信息含量，具有更强的择时能力和获利能力，而低薪酬的高管虽然对自身的薪酬水平不满意，具有强烈的交易动机，但是由于其接触到公司的核心信息有限，对公司未来股票价格的走势缺乏准确的判断能力，其在交易行为中能够利用的私有信息有限，导致其交易的择时能力和获利能力降低。高薪高管的择时能力和获利能力主要体现在短期的交易行为中，表明高薪高管能够优先接触到短时效的优势信息并利用其交易获利，而其对公司的长远发展和长期价值判断并不显著优于低薪高管。

INGAP 的回归系数在模型（1）至模型（3）中均显著为负，验证了假设 H2，表明公司内部高管正向薪酬差距的扩大能够有效减少高管利用私有信息交易的程度，即当高管薪酬水平高于团队内部其他高管的平均薪酬水平时，高管在团队内处在"赢项"，会更注重交易带来的声誉风险和诉讼风险，偏向于进行保守的交易行为，减少交易行为中私有信息的使用，导致其择时能力和获利能力减弱，而当高管薪酬水平低于团队内部其他高管的平均薪酬水平时，高管在团队内处于"输项"，对团队薪酬回报的满意度降低，会变成风险偏好型，更倾向于用自己掌握的私有信息进行交易，导致其交易择时能力和获利能力提高。在模型（1）和模型（2）中，OUTGAP 与高管长短期择时能力的回归系数为正，与高管获利能力的回归系数不显著，验证了假设 H3，表明在行业内薪酬处于领先的高管拥有更扎实的知识和技能，对行业未来的发展趋势有着更加准确的判断，更倾向于利用公司的私有信息进行交易获利；在行业内处于领导地位的高管对行业的发展有更深刻的了解，相比于行业内的低薪高管更能把握住交易时机以获得超额收益。

控制变量 TRANCODE 的回归结果表明，高管的买入行为比卖出行为择时能力更强，并且能获得更多的超额收益。控制变量 RELATIONSHIP 的回归结果表明，高管本人交易比亲属交易的择时能力和获利能力更强，即高管是公司内部信息的第一接收人，对信息有更深刻的理解，能更好地利用信息选择合适的时机进行股票交易，而高管的亲属从高管那获得的信息有限，同时亲属对于信息的加工能力有限，因此高管亲属的择时能力和获利能力弱于高管本人。股权集中度高的公司中，短期内存在高管和股东合谋套利的问题，而长期来看股东对于高管交易的择时能力和获利能力起到一定程度的约束作用。

表 5 - 4　公司高管的薪酬水平、薪酬内外部差距与高管个人交易择时
能力和获利能力的回归检验

项　目	模型（1）CAR20	模型（2）CAR120	模型（3）SVALUE	模型（4）LVALUE
COMP	0.009 *** (5.39)	0.009 (1.28)	1.112 *** (7.33)	0.353 * (1.77)
INGAP	− 0.014 *** (− 6.22)	− 0.033 *** (− 3.97)	− 1.074 *** (− 5.47)	− 0.127 (− 0.52)
OUTGAP	0.004 *** (3.52)	0.023 *** (4.49)	0.020 (0.19)	− 0.180 (− 1.19)
TRANCODE	0.025 *** (11.72)	0.073 *** (8.78)	2.141 *** (11.60)	1.903 *** (7.82)
RELATIONSHIP	0.006 *** (2.99)	0.039 *** (4.92)	− 0.248 (− 1.43)	1.214 *** (5.25)

续表

项　目	模型（1） CAR20	模型（2） CAR120	模型（3） SVALUE	模型（4） LVALUE
FIRST3	0.028*** (4.53)	-0.271*** (-11.59)	3.311*** (6.26)	-8.474*** (-12.38)
DUAL	-0.016*** (-10.18)	0.007 (1.21)	-1.264*** (-9.39)	-0.372** (-2.08)
INDEP	0.142*** (8.99)	0.199*** (3.35)	8.709*** (6.37)	-4.782*** (-2.75)
SEPERATION	0.001*** (8.99)	-0.002*** (-3.25)	0.078*** (7.67)	-0.054*** (-3.82)
INSTITUTION	-0.077*** (-15.71)	-0.186*** (-10.08)	-6.127*** (-14.49)	-7.958*** (-14.70)
ROA	-0.024 (-1.37)	-0.330*** (-4.98)	-5.716*** (-3.73)	-2.638 (-1.36)
SIZE	-0.004*** (-3.30)	0.039*** (8.76)	-0.649*** (-6.72)	1.697*** (13.06)
LEV	-0.044*** (-7.05)	-0.250*** (-10.41)	-3.410*** (-6.28)	-6.561*** (-9.35)
MTB	-0.002*** (-5.14)	0.014*** (9.52)	0.017 (0.51)	0.684*** (15.48)
常数项	-0.070** (-2.49)	-0.792*** (-6.98)	-1.190 (-0.49)	-33.297*** (-10.03)
年度效应	控制	控制	控制	控制
行业效应	控制	控制	控制	控制
N	25 258	18 066	25 258	18 066
R_sq	0.037	0.040	0.030	0.057

注："*""**""***"分别表示在10%、5%、1%的水平上显著；N表示数本数量；R_sq表示公式的拟合程度。

三、进一步的分组回归分析

1. 区分高管交易方向

表5-5是区分高管交易方向后薪酬契约对高管交易择时能力和获利能力影响的实证检验。COMP的回归结果表明，在高管的卖出行为中，高管的薪酬水平与高管交易短期的择时能力和获利

能力正相关，这说明高管的薪酬水平越高，高管短期卖出交易的择时能力和获利能力越强。高管的薪酬水平与高管买入行为的长期择时能力和获利能力正相关，表明薪酬高的高管长期持有股票的获利能力更强。回归结果从侧面显示，高管的卖出交易行为更注重短期的获利性，而高管的买入交易行为由于受到 6 个月不得反向交易的约束更关注长期的获利性。而且，薪酬水平高的高管更能把握住短期的卖出时机和长期的买入时机，其在经营决策中能够接触到企业的核心信息，对短时效信息的分析能力较强；同时，其对于企业前景更加了解，能够把握企业未来的发展趋势，因而具有更强的长期择时能力和获利能力。

INGAP 的回归结果表明，高管的薪酬水平与团队薪酬均值的差距越大，高管的卖出行为会更加谨慎，避免使用公司的内部消息进行交易以维护自身声誉。而模型（5）和模型（8）的结果表明高管的薪酬水平与团队薪酬均值差距越大时，高管的买入行为的短期择时能力和长期获利能力越强，这很有可能是因为薪酬水平高的高管更能接触到公司长期的发展规划，对公司未来的发展前景有更深刻的理解，因此他们的买入行为能够获得更多的超额收益。

OUTGAP 的回归结果表明，高管薪酬水平与行业内高管平均薪酬水平差距越大，高管的卖出行为能够获得更多的超额收益，而高管的买入行为获得的超额收益减少，这可能是因为行业内薪酬水平高的高管把握短期择时机会的能力强于薪酬水平低的高管；同时，由于《中华人民共和国证券法》有 6 个月不得反向交易的规定，高管买入行为需要承担股票价格长期下跌的风险，行业内薪酬水平高的高管在长期买入行为中会减少自己交易时所使用的私有信息含量，因此行业内高薪高管的卖出行为会获得更多的超额收益，而买入行为的超额收益会减少。

控制变量的回归结果表明，相对于亲属，高管本人的买入和卖出交易的择时能力和获利能力更强。大股东集中的公司中，高管的交易行为短期能获得超额收益，而交易行为的长期获利能力受到大股东的约束。独立董事比例与高管择时能力和获利能力的回归系数显著为正，表明独立董事并没有起到约束高管利用私有信息交易的作用，相反独立董事的不作为对于高管的交易行为起到了推波助澜的作用。机构投资者对于高管卖出行为的择时能力和获利能力有显著的遏制作用，但是机构投资者对于高管买入行为的择时能力和获利能力有促进作用。在盈利能力强的公司中，高管交易的超额收益更少，这可能是因为盈利能力强的公司中有很好的股权激励制度，以及更好的内部控制体系，因此高管不需要利用公司私有信息获利以增加自己的薪酬外收入。

表 5 – 5　区分高管交易方向后薪酬契约对高管交易择时能力和
获利能力影响的实证检验

Panel A：高管卖出交易（TRANCODE = 0）

项　目	模型（1）CAR20	模型（2）CAR120	模型（3）SVALUE	模型（4）LVALUE
COMP	0.010 * * *	− 0.002	1.069 * * *	0.050
	(5.08)	(− 0.31)	(6.29)	(0.22)
INGAP	− 0.018 * * *	− 0.044 * * *	− 1.379 * * *	− 0.546 * *
	(− 7.05)	(− 4.79)	(− 6.28)	(− 2.01)
OUTGAP	0.007 * * *	0.043 * * *	0.302 * * *	0.461 * * *
	(5.16)	(7.40)	(2.64)	(2.71)
RELATIONSHIP	− 0.004	0.034 * * *	− 1.343 * * *	0.865 * * *
	(− 1.46)	(3.67)	(− 6.44)	(3.13)
常数项	0.048	− 1.117 * * *	14.391 * * *	− 31.456 * * *
	(1.49)	(− 8.47)	(5.13)	(− 8.10)
控制变量	控制	控制	控制	控制
年度效应	控制	控制	控制	控制
行业效应	控制	控制	控制	控制
N	21 255	15 212	21 255	15 212
R_sq	0.041	0.058	0.037	0.077

续表

Panel B：高管买入交易（TRANCODE = 1）

项　目	模型（5）CAR20	模型（6）CAR120	模型（7）SVALUE	模型（8）LVALUE
COMP	- 0.002	0.036 * *	0.716 * *	1.361 * * *
	（- 0.68）	（2.41）	（2.28）	（3.24）
INGAP	0.009 *	0.025	0.199	1.288 * *
	（1.92）	（1.30）	（0.50）	（2.41）
OUTGAP	- 0.005 * *	- 0.051 * * *	- 0.753 * * *	- 2.185 * * *
	（- 2.09）	（- 4.71）	（- 3.32）	（- 7.33）
RELATIONSHIP	0.029 * * *	0.028 * *	2.334 * * *	1.342 * * *
	（9.11）	（2.00）	（8.48）	（3.46）
常数项	- 0.368 * * *	0.541 * *	- 39.114 * * *	- 9.621
	（- 6.96）	（2.38）	（- 8.48）	（- 1.53）
控制变量	控制	控制	控制	控制
年度效应	控制	控制	控制	控制
行业效应	控制	控制	控制	控制
N	4 003	2 854	4 003	2 854
R_sq	0.079	0.077	0.084	0.097

注："*""* *""* * *"分别表示在10%、5%、1%的水平上显著。

2. 区分亲属及高管本人交易

表5 - 6是区分是否高管本人交易的薪酬契约对高管交易择时能力和获利能力影响的实证检验。实证检验结果表明，高管的薪酬水平越高，高管亲属交易所获得的短期和长期的择时能力和获利能力都会减弱；相反，高管的薪酬水平越高，高管本人的交易行为短期和长期均可获得超额收益。实证结果表明，高管并没有将其在公司掌握的私有信息告知亲属，高薪高管更注重对公司内部信息的保密。

INGAP的回归结果表明，高管薪酬相对于公司平均薪酬的水平越高，高管亲属短期的择时能力和获利能力更强，而高管本人短期和长期的择时能力和获利能力都会减弱，这说明随着高管薪酬水平相对于团队平均薪酬水平的上升，高管亲属交易的择时能力和获利能力增强，而高管本人的择时能力和获利能力减弱。OUTGAP 的回归结果表明，随着高管薪酬水平相对于行业内其他高管平均薪酬水平的提升，高管亲属交易的短期择时能力减弱，长期择时能力增强，而高管本人交易的短期和长期择时能力都有提升。

　　控制变量的回归结果表明，股权集中度对高管交易的短期促进和长期遏制作用主要来源于高管本人的交易行为；高管买入行为比卖出行为普遍能获得更高的超额收益；机构投资者对高管亲属和高管本人的交易行为均有很好的遏制作用；随着负债率的提高，债权人会对高管本人及其亲属的交易行为进行限制，所以负债率与高管交易的择时能力和获利能力负相关，市价比越高，高管交易行为的择时能力和获利能力越低。

表 5 – 6　区分是否高管本人交易的薪酬契约对高管交易择时
能力和获利能力影响的实证检验

Panel A：高管亲属交易（RELATIONSHIP = 0）

项　目	模型（1）CAR20	模型（2）CAR120	模型（3）SVALUE	模型（4）LVALUE
COMP	− 0.006 *	− 0.028 *	− 0.569 * *	− 0.486
	(− 1.66)	(− 1.92)	(− 2.15)	(− 1.36)
INGAP	0.015 * * *	0.001	0.795 * *	0.275
	(3.06)	(0.07)	(2.22)	(0.58)
OUTGAP	− 0.007 * * *	0.020 * *	− 0.184	0.146
	(− 2.93)	(2.06)	(− 1.03)	(0.63)
TRANCODE	0.011 * * *	0.053 * * *	0.515 * *	0.690 *
	(3.21)	(3.59)	(1.98)	(1.92)
常数项	0.048	− 1.117 * * *	14.391 * * *	− 31.456 * * *
	(1.49)	(− 8.47)	(5.13)	(− 8.10)
控制变量	控制	控制	控制	控制
年度效应	控制	控制	控制	控制
行业效应	控制	控制	控制	控制
N	21 255	15 212	21 255	15 212
R_sq	0.041	0.058	0.037	0.077

续表

Panel B：高管本人交易（RELATIONSHIP = 1）

项　目	模型（5）CAR20	模型（6）CAR120	模型（7）SVALUE	模型（8）LVALUE
COMP	0.011***	0.012	1.331***	0.585**
	(5.50)	(1.58)	(7.50)	(2.48)
INGAP	−0.019***	−0.041***	−1.221***	−0.361
	(−7.28)	(−4.39)	(−5.40)	(−1.28)
OUTGAP	0.007***	0.029***	−0.014	−0.165
	(4.97)	(4.57)	(−0.12)	(−0.88)
TRANCODE	0.035***	0.084***	3.241***	2.467***
	(13.21)	(8.26)	(13.86)	(8.07)
常数项	−0.368***	0.541**	−39.114***	−9.621
	(−6.96)	(2.38)	(−8.48)	(−1.53)
控制变量	控制	控制	控制	控制
年度效应	控制	控制	控制	控制
行业效应	控制	控制	控制	控制
N	4 003	2 854	4 003	2 854
R_sq	0.079	0.077	0.084	0.097

注："*""**""***"分别表示在10%、5%、1%的水平上显著。

第四节　小　　结

　　薪酬契约是缓解股东和高管间委托代理问题的重要途径，薪酬激励不足是高管交易行为产生的重要原因。由于社会经济的快速发展、企业的经营活动日益复杂、公司内外部信息不对称程度不断加大，高管作为经营信息的制造者和第一接触者，相比于外部投资人拥有绝对信息优势，对公司的股价有着更准确的判断。高管可以利用掌握的私有信息提前进行股票交易，等待信息披露后再进行反向操作，赚取超额收益，但是高管利用私有信息的交易行为面临着法律严格的监管，会导致自身诉讼风险和声誉风险的增加，因此高管交易行为及交易过程中使用的私有信息含量是高管进行收益风险衡量后的选择。

薪酬契约是高管经营公司获取回报的主要途径。根据第三章的理论分析，股东和高管间存在理论薪酬均衡点，偏离薪酬均衡点会导致股东成本增加或高管薪酬满意度降低，即当薪酬水平能够满足高管经营公司付出的努力时，高管对薪酬的满意度上升，而当薪酬水平与高管经营公司的努力程度不匹配时，高管的薪酬满意度下降，此时高管会有利用私有信息交易获利的交易动机，进而产生交易行为。进一步，本章利用"三维一体"模型框架的分析表明，高管对薪酬满意度的感知不仅取决于薪酬绝对水平，还取决于公司的内外部薪酬结构，内部薪酬差距决定高管相对于团队内其他高管的薪酬满意度，而外部薪酬差距决定高管相对于行业内其他高管的薪酬满意度，三个维度的薪酬满意度共同决定高管的整体薪酬满意度，因此有必要研究公司的薪酬体系对于高管交易行为选择的影响。在高管个人的交易行为中，其交易的择时能力和获利能力是学者们关注的主要特征（Gombola et al.，1999；Noe，1999；Rozeff et al.，1998），高管在交易中利用私有信息的程度越大，其对于真实的股价水平判断越准确，交易行为的择时能力和获利能力越强。薪酬满意度能够影响高管的交易动机，而高管掌握的私有信息能够影响高管的交易能力。

本章利用2010—2014年民营上市公司高管薪酬和高管交易的数据实证检验薪酬三维模型中高管薪酬水平、内部薪酬差距和外部薪酬差距对高管个人交易择时能力和获利能力的影响。其中，薪酬水平指高管获得的货币性薪酬，内部薪酬差距主要指高管个人薪酬和团队其他高管平均薪酬的比值，外部薪酬差距主要指高管个人薪酬与行业内其他高管平均薪酬的比值。高管交易时利用公司内部的私有信息越多，高管交易行为越可能获得超额收益，因此本章用高管交易的超额收益代表高管交易中利用公司内部信息的程度，同时考虑高管交易量和交易价格因素来计算高管的获利能力。

本章的实证结果表明，高管薪酬水平越高，高管交易行为的短期择时能力和获利能力更强，但其对高管长期择时能力和获利能力的影响不显著，这说明高薪高管能够接触到更多的公司内部信息，能够准确判断短时效信息对股价的冲击，能够利用信息优势提前交易股票，扩大交易规模，从而相比于低薪高管有更强的短期择时能力和获利能力。高管薪酬水平与公司平均薪酬正向差距越大，高管交易的短期和长期的择时能力和获利能力都更弱，表明团队内收入高的高管会减少自己利用公司私有信息进行交易的行为，这很可能是高收入给高管带来了个人满足感，使得高管更关注交易行为带来的诉讼风险，从而减少自身的投机动机。高管薪酬水平与行业平均薪酬的正向差距越大，高管短期和长期的择时能力越强，但是对高管交易的获利影响不显著，表明正向外部薪酬差距大的高管掌握了更多行业和公司未来的发展信息，能够对行业未来的发展有准确的判断，因而更能把握住交易机会。

进一步区分高管交易方向的实证结果表明，高管的短期择时能力和获利能力主要体现在卖出行为中，而长期的择时能力和获利能力主要体现在买入行为中，内部薪酬差距主要对高管卖出行为的择时能力和获利能力起到遏制作用，外部薪酬差距对高管的短期交易择时能力和获利能力有促进作用，而对高管的长期交易择时能力和获利能力有遏制作用。

区分是否高管本人交易的实证结果表明，薪酬水平对高管亲属的择时能力和获利能力起到遏制作用，而对高管本人的择时能力和获利能力起到促进作用，这说明薪酬高的高管会约束自己亲属的交易获利。内部薪酬差距对高管亲属的短期择时能力和获利能力有促进作用，而对高管本人的短期择时能力和获利能力有遏制作用；外部薪酬差距对高管亲属的交易择时能力有遏制作用，而对高管本人的交易择时能力有促进作用。

薪酬契约对高管的激励效果和作用途径是公司治理的重要研究问题，以往学者在研究薪酬契约的激励效果时主要通过企业绩效判断高管的努力程度，但是企业绩效的影响因素错综复杂，高管单方面的努力并不一定能够提升企业绩效，导致高管薪酬激励效应的检验存在偏差。本章在薪酬均衡点进行理论分析的基础上，利用高管个人的薪酬三维模型研究公司薪酬体系对高管个人交易行为的影响，讨论薪酬水平偏离均衡点时高管的行为选择。研究结果表明，高管交易行为是高管对于薪酬契约满意程度的客观反映，高管交易时利用的私有信息量是决定其择时能力和获利能力的重要因素。回归模型检验了薪酬契约对高管交易行为的影响路径和作用机理，弥补了已有文献通过企业绩效等间接变量检验的不足，为薪酬契约激励效果的相关研究提供了直接证据。

第六章

薪酬契约对高管团队交易效应的实证分析

第五章讨论了薪酬契约对高管个人择时能力和获利能力的影响，实证结果表明高管个人的交易行为相比于外部投资者能够获得超额收益。高管团队的交易行为是高管个人交易行为的集合，本章重点关注高管团队的平均薪酬水平、团队内部薪酬差距、团队外部薪酬差距对高管团队交易规模的影响。高管团队的平均薪酬水平能够决定高管团队自身的薪酬满意度。当团队平均薪酬水平较高时，团队更容易产生凝聚力，将更多的精力放在公司经营上（Nourayi et al.，2008），从而减少利用私有信息的交易行为，导致团队高管交易规模缩小；当高管团队的薪酬水平较低时，高管团队对薪酬水平的满意度下降，更倾向于利用自身掌握的公司内部信息扩大交易规模以获取更多收益。同时，值得关注的是，不同高管团队在交易获利能力方面存在异质性，薪酬水平高的高管团队往往供职于行业内的龙头企业，能够接触到行业发展的前沿信息和先进的经营理念，对公司和行业未来的发展趋势有更加准确的判断（章永奎 等，2013），具有更丰富的专业知识和管理技能，因而其把握交易时机获利的能力更强。当公司内外部的治理环境不能有效约束高管交易行为时，高薪酬的高管团队在自利性动机下会倾向于加大交易规模以获得更多的收益。低薪酬的高管团队往往供职于行业内的中小企业，其经营和管理企业的能力相对欠缺，不能及时接触到行业发展的前沿信息，对行业和公司未来发展趋势的判断能力较弱，考虑到交易行为面临的交易风险和诉讼风险，低薪酬的高管团队会缩小交易规模。因此，高管团队薪酬水平对团队交易规模的影响需要综合考虑高管交易动机和获利能力两方面的因素。

高管团队内部薪酬差距的扩大可能同时产生锦标赛效应和行为效应（黄丽霞，2010；刘小刚，2010），即扩大的薪酬差距导致团队内高管能够通过职位晋升获得更大收益，从而督促高管努力工作，而且团队薪酬差距的扩大可能引起团队内成员的不公平感，加剧团队内部矛盾，增加团队成员使用更多私有信息、扩大交易规模的可能性。正向外部薪酬差距的扩大表明高管团队的薪酬高于行业内高管团队的平均薪酬，即高管团队的薪酬水平在行业中处于领先地位，预期公司给予高管的丰厚报酬能够增加高管团队与其行业其他高管团队对比时的薪酬满意度，减少高管团队利用私有信息交易的规模。

当高管团队的薪酬满意度提高时，团队的凝聚力增强，各个高管在团队中更容易发挥自身的优势，使得团队内部氛围融洽（Jaggi et al.，2007），此时公司的薪酬能够满足高管团队经营所付出的努力，高管团队利用私有信息的交易规模会逐步减少。当薪酬体系设计不合理时，高管团队中利益分配不均，团队中高管的不满足感会上升，部分高管的交易获利行为可能会引起团队其他成员的效仿，导致高管团队交易规模迅速扩大。根据上述分析，通过高管团队的交易规模可以检验高管团队薪酬契约设计的合理性，因此本章利用回归模型分析检验薪酬契约是否对高管团队交易规模存在影响。进一步，本章研究薪酬契约对高管团队买入和卖出交易行为效应的不一致性，丰富了薪酬契约实施效果的检验，为高管团队薪酬体系的优化和改进提供经验证据。

第一节　理论分析与研究假设

　　随着社会经济的发展和金融改革的不断加深，企业面临的经营环境也日趋复杂，顾客的需求日益多样化，产品更新换代不断提速，同行业企业间的竞争日趋白热化。企业高管个体的能力已远远无法满足社会环境对于企业的需求（Ertimur et al.，2012），因此作为企业经营决策核心的高管团队成员应具备较强的协作能力，在发挥自身专业知识和技能水平的同时分工合作，做出更加符合市场预期的科学决策，以弥补高管因为个人能力欠缺而导致的决策失误。在企业的经营决策中，管理层的团队化管理决策模式越来越受到重视并处于大力的推广之中，高管团队作为企业战略决策的核心，是联结企业组织和社会环境之间的枢纽，展现了企业协同合作和权力制衡的文化，使得企业在日益复杂的竞争环境中增加生存概率。

　　高管团队与前文中对高管的定义基本相同，是上市公司管理层的集合，主要包括总经理、副总经理等企业高层管理人员。根据 Hambrick 和 Mason（1984）的高层梯队理论，企业经营战略的制定需要考虑很多方面的因素，因此需要一个高管集体来共同讨论和制定，以消除高管个人在认知和能力上的不足。一方面，管理者的个人特征决定了每个管理者的不同之处，最终的团队行为特征是每个管理者特征的集合，因此每个管理者都对团队的最终经营决策产生影响；另一方面，团队决策摒弃了高管个人的喜好，使得经营决策更加客观公正，能够发挥管理层集体的力量，最终的经营决策也会对每个高管产生影响，不断调整高管个人的预期，最终部分改变高管个人的行为决策模式。因此，在研究完薪酬契约对高管个人行为的影响之后有必要研究薪酬契约对高管团队行为的影响。

高管在决策时并非单独的个体，其行为最终会影响团队内其他高管的行为并被其他高管所监督。当高管实施股票交易行为时，有可能会引起团队内其他高管的连锁反应，甚至在交易前就可能有串通集体交易的行为，但是团队内其他高管成员反对交易会使已经发生交易行为的高管产生孤立感，变相约束现有高管的交易行为，使其减少交易规模，因此在研究薪酬契约对高管交易效应时需要从团队的角度来研究薪酬契约的激励传导机制。

根据前文的定义，薪酬契约主要包括薪酬水平、内部薪酬差距和外部薪酬差距三个方面的特征。对于高管团队来说，薪酬水平主要指高管团队的平均薪酬水平。股东与高管团队间存在委托代理关系，即股东拥有公司的所有权，高管团队拥有公司的经营权，高管团队利用团队的知识技能优势制定企业发展战略，增加企业价值并获得相应的薪酬回报。高管团队会对自身的努力程度与公司所处的经营环境进行评估，得出团队的期望薪酬。当企业高管团队的平均薪酬水平高于期望薪酬时，薪酬能够弥补其经营企业的付出，高管团队会对现有的薪酬水平产生满足感，高管团队的薪酬满意度提升，此时股东对高管团队的激励能够匹配高管团队努力的付出，高管团队会将精力集中在企业经营上；同时，考虑到交易行为所面临的日益增加的诉讼风险和声誉风险，高管团队会减少自身的交易行为，团队内形成互相监督的氛围，从而导致高管团队的交易规模减小。如果在其他条件相同的情况下，高管团队的薪酬水平与其经营企业所付出的努力不匹配，高管团队内的不公平感会增加，导致高管利用公司私有信息交易的动机加强，高管团队会利用经营公司过程中所接触到的内部信息进行交易，其相对于外部投资者具有绝对信息优势，因此能够更加准确地判断股票价格走势，通过低买高卖的方式获得超额收益，此时高管会扩大交易规模以增加交易的收益。

上述分析表明，薪酬水平越低的高管团队越倾向于通过增加交易规模获得更多的收益，为此提出本章的假设 H1a。

H1a：高管团队薪酬水平的提高与高管团队的交易规模负相关。

薪酬水平低的高管团队往往具有强烈的利用私有信息交易的动机，但是高管交易的行为选择还受到其获利能力的影响（Gregory et al., 2010）。由于股票交易投资具有较高的风险性，存在交易损失的可能，同时高管的交易行为受到证监会的实时监督，面临着一定程度的法律风险和诉讼风险，因此高管在进行交易决策时是谨慎小心的（Jayaraman, 2012）。高管的获利能力主要来源于两方面。一方面是其掌握公司内部信息的多少。当高管掌握较多的公司内部信息时，其相对于外部投资者拥有信息优势，能够更加准确地判断股票的真实价值，从而能够在股票波动过程中找到更好的投资机会以获得收益（Huddart et al., 2007a）。另一方面是其自身的专业知识和专业素质。高管长期在相关的行业任职，对于行业的发展过程和未来的发展趋势有着更加深刻的理解，同时高管熟知公司的经营战略决策，对投融资、合并重组、股票增发等企业行为对股价的影响有着更深刻的理解，因此能够准确地判断出行业和公司内的重大事件对股价的冲击（Kallunki et al., 2009），相比于外部投资者能更加准确地判断投资价值，能够运用专业的知识技能在股票投资交易中获得超额收益。

薪酬是股东对高管团队努力经营公司所给予的物质回报。公司给予高管团队较高的平均薪酬能够吸引专业知识丰富、专业素质优秀的高级管理人才，其对行业发展趋势和公司在行业中所处的位置有着更加深刻的认识，能够发现公司的短板和管理缺陷，制定适合公司的长期发展战略。同时，能够承担高额高管团队薪酬的公司往往是行业内的龙头企业，具有一定的企业规模和较快的企业发展速度，其高管团队在经营企业的过程中能够接触到行业最新的发展前沿和专利技术，接触并掌握更多准确的内部信息。因此，相比于薪酬水平低的高管团队，薪酬水平高的高管团队拥有更扎实的专业知识、更熟练的专业技能、更丰富的管理经验，同时其在经营企业的过程中能够接触到更多更加准确的行业和公司发展的内部信息，其把握交易机会的能力更强。在诉讼风险和声誉风险相同的情况下，由于高薪高管团队的股票交易能够获得更多的收益，其出于自利性动机，倾向于加大交易规模以获得更多的超额收益。而薪酬水平低的高管团队往往供职于中小型企业，在行业发展中处于跟随的地位，难以深入了解行业发展的最新动态，同时其自身的专业技能和知识储备相比于高薪的高管团队有所不足，因而无法准确判断股票的真实价值，在交易过程中容易遭受损失，再考虑到高管的交易行为需要接受证监会的实时监督，具有一定的法律风险，因此薪酬水平低的高管团队虽然有强烈的交易动机，但是由于其交易获利能力不足，交易风险较大，其倾向于减少自身的交易规模。

根据上述分析，本书提出本章的假设 H1b。

H1b：高管团队薪酬水平的提高与高管团队的交易规模正相关。

高管团队的内部薪酬差距主要指团队内部薪酬的异质性，用高管团队内部总经理和所有副总经理年薪平均值的比值计算得到（刘春 等，2010）。当团队内部薪酬差距扩大时，根据锦标赛理论，薪酬差距的扩大会导致下层的高管不断努力工作以谋求职位晋升，下一级的高管需要付出更多的努力才能在本层级的高管中脱颖而出，升职到上一个层级并获得更高的报酬，而高层高管同样出于保住自身职位的需要也会增加努力程度，公司高管团队内部薪酬差距的扩大会导致高管晋升后获得更多的收益（黄丽霞，2010），因而高管团队整体努力程度随着薪酬差距的增大而增加，进而使得企业的业绩和价值获得提升。高管利用公司内部信息交易获利的行为会导致高管的声誉损失（Engelen，2012），在锦标赛的晋升中易遭受同级高管的道德指责，导致高管无法通过职位晋升改善薪酬待遇；同时，高管交易获得超额收益的行为受到证监会的实时监督，随着我国法律监管的加强，高管交易行为面临更大的诉讼风险（曾亚敏 等，2009），因此当高管交易行为所带来的额外收益小于高管职位晋升的收益时，高管团队会减少自身的交易规模以规避法律风险，维护公司和自己的声誉，高管团队内的成员容易形成互相监督的氛围，从而能够减少高管团队整体的交易规模。

但是，随着团队内部薪酬差距的不断扩大，根据行为理论，高管团队成员间的不公平感会逐步加剧，成员间的沟通交流减少（张正堂，2008）。由于高管团队共同负责企业经营决策的制定和实施，高管团队成员实现企业价值增加的最终目的相同，团队成员间由于分工不同产生的薪酬差距扩大会导致低薪酬的高管产生不满足感，此时如果高管的职位晋升渠道不透明、晋升标准不清晰，底层高管付出再多的努力也很难达到更高的职位，高管的努力与其报酬不匹配的程度加深，团队内易出现消极怠工、被动配合等情况。高管团队在经营决策中能够接触到公司内部大量的私有信息，相对于外部投资者具有信息优势，若薪酬差距导致团队内高管的薪酬满意度下降，此时高管呈现风险偏好特征，倾向于利用自身掌握的内部信息进行交易获利，以谋取薪酬之外的收入（Dymke et al.，2008），所以内部薪酬差距的扩大可能导致高管团队表现出更大规模的交易行为。已有学者的研究表明，锦标赛理论和行为理论都能部分解释薪酬差距对高管团队的激励作用，但由于我国传统文化中"不患寡而患不均"等思想的影响，上市公司高管团队成员可能更在乎高管团队薪酬的公平性因素（张正堂，2007），导致行为理论更能解释高管团队内部薪酬差距对高管行为的影响，即高管团队内部薪酬差距的扩大导致高管团队成员间的不公平感加剧，高管更倾向于利用掌握的私有信息增大交易规模获利。

基于上述分析，本书提出本章的假设 H2。

H2：高管团队内部薪酬差距的扩大与高管团队的交易规模正相关。

高管团队的外部薪酬差距主要表现为行业内高管团队薪酬的异质性，主要用企业高管团队的平均薪酬和行业内高管团队的平均薪酬的比值来表示。当比值大于 1 时，表明企业高管团队的平均薪酬高于行业内高管团队的平均薪酬，高管团队的薪酬水平在行业中处于比较优势，基于参照点理论，公司高管团队薪酬处在较为领先的地位，高管团队成员与行业内其他高管比较薪酬水平时处在"赢项"，能够增加团队高管成员的心理满足感和荣誉感，使得高管团队的行业薪酬满意度提升，高管在进行交易行为选择时倾向于规避风险，减少交易的规模以维护公司的声誉，减少诉讼风险。当比值小于 1 时，表明企业高管团队的平均薪酬小于行业内高管团队薪酬的平均值，此时高管团队内更容易出现不满的氛围，高管团队的薪酬水平相比于行业其他高管处在"输项"，高管团队的薪酬满意度下降，高管团队成员呈现风险偏好型特征，更可能利用公司内部的私有信息，加大交易规模以获取更多收益。

基于上述分析，本书提出本章的研究假设 H3。

H3：高管团队外部薪酬差距的扩大与高管团队的交易规模负相关。

第二节　研究设计与样本选择

一、样本选择与数据来源

本书选取 2010—2014 年 A 股民营非金融类上市公司作为初始的研究样本。样本研究区间的选取主要基于以下原因：① 2006年的《中华人民共和国公司法》解除了上市公司高管交易限制，其后两年内高管交易仍不活跃，只有零星的高管交易行为，交易行为披露延迟的情况比较普遍，信息披露仍不规范，高管交易信息存在缺失；② 2008 年金融危机爆发，宏观环境波动导致高管的交易行为更多地出于流动性避险需求，不能有效地反映高管个人在交易行为中利用私有信息的程度，可能会影响本书的结论；③ 2005年我国的股权分置改革开始实施，部分上市公司的股权分置改革直到 2009 年尚未全部完成，导致部分高管交易受限，无法将持有的股票自由交易，所以本书选取经济危机后宏观环境相对稳定的 2010—2014 年的数据作为研究样本，以减少宏观环境波动和股权分置改革等因素对结论的影响。

选择民营企业作为研究样本基于以下原因：① 国有企业的上市公司高管受到多重政治监督，高管的薪酬激励方式更加多元化，包含政治晋升、在职消费等隐性激励，而民营企业的高管任命约束较少，高管主要关注于自身经营公司的收益，因此国有企业高管交易行为的动机和民营上市公司高管交易行为的动机可能存在较大差异；② 考虑到民营上市公司面临的经营环境更加市场化，没有保就业等社会负担，薪酬体系变动更加灵活，激励机制更加健全，研究民营上市公司的薪酬体系能够为国有企业的薪酬改革提供一定的借鉴作用；③ 国有企业高管在不同公司间的流动性较差，声誉机制和流动机制对高管行为选择的影响有限，高管交易约束机制的市场化程度不足，与民营企业的高管交易环境存在较大差别。因此，本书选取民营上市公司作为研究样本，提取实证数据。

在初始样本的基础上，本书按照以下的条件筛选和处理样本。

（1）剔除数据缺失的样本，剔除行业特征、企业特征等控制变量缺失的样本，并对样本中的连续变量按照 1% 的比例进行 Winsorize 处理，以消除极端值的影响。

（2）剔除金融类和 ST 企业的样本。

（3）剔除大宗交易、竞价交易和二级市场买卖三种交易方式外的高管持股变动样本。

（4）剔除股份变动绝对数值少于 1 000 的高管交易样本。

（5）剔除非高管团队的监事和董事样本。

（6）剔除高管薪酬为 0 或高管薪酬缺失的样本。

（7）考虑到民营企业中的家族企业管理人员可能持有大量公司股票，此时货币性薪酬对高管交易的行为约束可能较小，为防止家族控股的民营公司对研究结论的影响，本书剔除高管团队持股总数占总股本高于 10% 的样本，以减少家族创业型上市公司对实证结论的影响。

高管交易数据来源于深圳证券交易所和上海证券交易所披露的上市公司的高级管理人员在二级市场上买入和卖出本公司股票的交易数据，薪酬数据和公司特征的数据来源于 CSMAR 数据库。

二、研究设计

本章以高管团队交易行为为切入点，研究公司薪酬体系（薪酬水平、内部薪酬差距、外部薪酬差距）对高管团队交易规模的影响，进而探讨薪酬体系对于高管团队的激励作用。为验证上述假设，本书提出的实证检验模型为：

$$
\begin{aligned}
\text{TRADE}_{i,t} = {} & \beta_0 + \beta_1 \text{COMP}_{i,t-1} + \beta_2 \text{INGAP}_{i,t-1} + \beta_3 \text{OUTGAP}_{i,t-1} + \\
& \beta_4 \text{TMSHARE}_{i,t-1} + \beta_5 \text{FIRST3}_{i,t-1} + \beta_6 \text{DUAL}_{i,t-1} + \\
& \beta_7 \text{INDEP}_{i,t-1} + \beta_8 \text{SEPERATION}_{i,t-1} + \beta_9 \text{INSTITUTION}_{i,t-1} + \\
& \beta_{10} \text{ROA}_{i,t-1} + \beta_{11} \text{SIZE}_{i,t-1} + \beta_{12} \text{LEV}_{i,t-1} + \beta_{13} \text{MTB}_{i,t-1} + \\
& \beta_{14} \text{SOE}_{i,t-1} + \varepsilon_{i,t} \qquad\qquad\qquad\qquad (6-1)
\end{aligned}
$$

其中，$\text{TRADE}_{i,t}$ 表示公司 i 的高管团队在第 t 年的交易数量的对数，对应高管团队交易总量（TRADET）、高管团队卖出交易总量（TRADES）、高管团队买入交易总量（TRADEP）三个变量，表示公司高管团队的交易规模；$\text{COMP}_{i,t-1}$ 表示公司 i 的高管团队在第 $t-1$ 年时的平均货币性薪酬的对数，取高管团队去年的基本工资、绩效工资、奖金和津贴的总额平均值的对数；$\text{INGAP}_{i,t-1}$ 表示公司 i 的高管团队在第 $t-1$ 年时的团队内部薪酬差距，取团队内总经理的薪酬和其他高管薪酬平均值的比值；$\text{OUTGAP}_{i,t-1}$ 表示公司 i 的高管团队在第 $t-1$ 年时的团队外部薪酬差距，用公司 i 高管团队薪酬平均值和行业内其他高管团队薪酬平均值的比值表示。其他控制变量的定义及说明如表 6-1 所示。

表 6-1　其他控制变量的定义及说明

变量类别	变量名称	变量符号	变量的定义及说明
因变量	高管交易总量	$\text{TRADET}_{i,t}$	公司 i 在 t 年内高管团队交易数量总和的对数
	高管卖出总量	$\text{TRADES}_{i,t}$	公司 i 在 t 年内高管团队卖出总量的对数
	高管买入总量	$\text{TRADEP}_{i,t}$	公司 i 在 t 年内高管团队买入总量的对数
自变量	薪酬水平	COMP	高管团队的平均薪酬取对数
	内部薪酬差距	INGAP	总经理年薪与其他高管薪酬平均值的比值
	外部薪酬差距	OUTGAP	公司 i 高管团队薪酬平均值与行业内其他高管团队薪酬平均值的比值

续表

变量类别	变量名称	变量符号	变量的定义及说明
控制变量	流通股总股数	TMSHARE	公司当年的流通股总股数取对数
	股权集中度	FIRST3	公司前三大股东持股比例
	两职合一	DUAL	总经理和董事长不是同一人取0，反之取1
	独立董事比例	INDEP	公司独立董事人数占董事会总人数的比例
	两权分离程度	SEPERATION	公司所有权和经营权的分离程度
	机构投资者持股	INSTITUTION	机构投资者持股比例
	总资产利润率	ROA	总利润除以期初资产加上期末资产的平均数
	公司规模	SIZE	总资产的对数
	公司负债率	LEV	负债合计/总资产
	市净率	MTB	收盘价当期值/（所有者权益合计/实收资本本期期末值）

第三节　实证检验与结果分析

一、描述性统计结果

表6-2是回归模型中回归变量的描述性统计结果。从表6-2可以看出，TRADET、TRADES 和 TRADEP 的下四分位数都为0，表明存在高管交易的民营上市公司的数量不足所有民营上市公司的25%，即大部分民营上市公司中并不存在高管交易行为。COMP 的最大值和最小值分别为 15.267 和 9.012，表明不同公司中高管的薪酬水平存在较大的差距。INGAP 的均值和中位数分别为 1.718 和 1.536，表明一般公司中，总经理的薪酬大约是普通高管薪酬的 1.5 倍；INGAP 的最小值和最大值分别为 0.024 和 24.786，表明薪酬最少的总经理的薪酬只有公司平均高管薪酬

的 2.4%，而薪酬最高的总经理的薪酬约是其他高管平均薪酬的 24.786 倍，这说明不同公司的高管薪酬结构存在较大的差异。OUTGAP 的均值和中位数分别为 1.188 和 0.964，表明大部分公司高管的平均薪酬低于行业薪酬的平均值，即行业内少部分公司采取高薪政策，而大部分公司的薪酬水平较低；OUTGAP 的最小值和最大值分别为 0.019 和 11.880，表明行业内薪酬最低的公司高管的薪酬只有行业平均薪酬的 1.9%，而行业内薪酬最高的公司高管的薪酬为行业平均薪酬的 11.88 倍。

控制变量 FIRST3 的均值为 0.553，表明大部分样本公司的股权集中度不高，前三大股东持股比例约为 55.3%。DUAL 的均值为 0.397，表明 39.7% 的样本公司中董事长和总经理为同一人；INSTITUTION 的均值为 0.158，表明样本公司中机构投资者的平均持股比例约为 15.8%。

表 6-2　回归模型中回归变量的描述性统计结果

变量名称	数量	均值	最小值	上四分位	中位数	下四分位	最大值	方差
TRADET	3 715	2.728	0.000	0.000	0.000	0.000	17.081	4.93
TRADES	3 715	2.345	0.000	0.000	0.000	0.000	17.074	4.72
TRADEP	3 715	0.725	0.000	0.000	0.000	0.000	15.587	2.48
COMP	3 715	12.676	9.012	12.264	12.659	13.079	15.267	0.62
INGAP	3 715	1.718	0.024	1.277	1.536	1.914	24.786	1.03
OUTGAP	3 715	1.188	0.019	0.659	0.964	1.425	11.880	0.91
TMSHARE	3 715	15.800	5.298	14.646	16.570	17.703	20.768	2.71
FIRST3	3 715	0.553	0.030	0.453	0.572	0.668	0.947	0.15
DUAL	3 715	0.397	0.000	0.000	0.000	1.000	1.000	0.49
INDEP	3 715	0.372	0.250	0.333	0.333	0.429	0.667	0.05
SEPERATION	3 715	4.676	0.000	0.000	0.000	8.036	53.424	7.30
INSTITUTION	3 715	0.158	0.000	0.034	0.104	0.224	0.919	0.17

续表

变量名称	数量	均值	最小值	上四分位	中位数	下四分位	最大值	方差
ROA	3 715	0.068	-0.176	0.030	0.061	0.099	0.272	0.06
SIZE	3 715	21.384	15.577	20.737	21.235	21.887	25.513	0.95
LEV	3 715	0.327	0.029	0.155	0.291	0.470	1.473	0.21
MTB	3 715	3.458	0.000	2.011	2.762	4.166	20.712	2.35

表 6 - 3 是主要回归变量之间的相关系数统计表。从表 6 - 3 可以看出，变量之间的相关系数基本小于 0.5，表明各变量之间没有共线性的问题；同时，可以初步看出高管薪酬水平与交易数量正相关，而高管团队薪酬结构和高管团队交易行为的关系有待进一步检验。

表 6 - 3　主要回归变量之间的相关系数统计表

变量	TRADET	TRADES	TRADEP	COMP	INGAP	OUTGAP	TMSHARE
TRADET	1						
TRADES	0.926***	1					
TRADEP	0.457***	0.178***	1				
COMP	0.048***	0.038**	0.039**	1			
INGAP	0.0230	0.0240	0.0190	0.058***	1		
OUTGAP	0.0240	0.0130	0.035**	0.840***	0.076***	1	
TMSHARE	0.118***	0.126***	0.034**	-0.0200	-0.0130	-0.038**	1

注："*""**""***"分别表示在 10%、5%、1% 的水平上显著。

二、薪酬契约对高管团队交易效应的回归检验

为检验高管团队薪酬契约对高管团队交易规模的影响，本章从团队平均薪酬水平、团队内部薪酬差距、团队外部薪酬差距三方面研究薪酬契约与高管团队交易总量、团队买入总量和团队卖出总量间的关系，进而综合实证结果分析薪酬契约对高管交易规模的影响途径。

表 6 - 4 是公司高管团队薪酬契约对高管团队交易总规模影响

的回归检验。从模型（1）可以看出，高管团队平均薪酬水平和高管交易总规模正相关，表明高管团队的平均薪酬越高，高管团队的交易规模越大；实证结论验证了假设 H1b，否定了假设 H1a，说明薪酬水平的提升并不能约束高管的交易行为，高管团队的交易行为主要是出于自利性的获利动机。当高管团队掌握的公司内部私有信息越多、对股价的真实价值判断更准确时，高管团队会增加交易规模以获取更多的收益。实证结果表明，薪酬水平高的高管团队成员的专业知识和技能更强，能够理解公司和行业的发展规律，准确预测公司股价的未来走势，并利用股价波动高抛低吸获得更多的收益。而薪酬水平低的高管团队虽然对自身薪酬水平的满意度低，但是其对于公司股价未来的走势判断能力较弱，再考虑到交易行为所带来的潜在投资损失和法律风险，薪酬水平低的高管团队难以通过频繁的大额交易获利，因此其会减少自身的交易规模以规避风险，从而导致高管团队薪酬水平与团队交易规模正相关。模型（2）的结果表明，高管团队的内部薪酬差距与高管团队的交易总量正相关，这验证了假设 H2，说明公司内部的薪酬差距越大，高管团队交易的规模越大。这一实证结果符合行为理论，即薪酬差距扩大时，公司对于高管经营公司的努力程度提出更高的要求，高管难以通过自身努力获得相对应的职位晋升，高管心里的不公平感加剧，此时高管更倾向于利用自己掌握的私有信息扩大交易规模进行获利，以弥补无法晋升的损失。模型（3）的结果表明，公司的外部薪酬差距对高管团队交易规模的影响不显著。在模型（4）中，高管内外部薪酬差距的交乘项系数为负，表明外部薪酬差距可以减缓内部薪酬差距对于高管交易规模的促进作用，即当公司的平均薪酬远高于行业的平均薪酬时，即使公司内部的薪酬差距比较大，高管难以通过努力获得晋升，但是由于高管薪酬水平在行业内仍然算高薪，高管能够从行业薪酬比较中获得满足感，此时高管处在"赢项"，更容易关注交易所带来的投资损失风险和声誉风险，因此会放弃利用公司内部私有进行交易的行为，减少交易规模。

控制变量的回归结果中，股权集中度与高管交易规模显著负相关，表明股权集中度越高，高管的交易规模越少，这说明大股东监管对于高管的交易行为能够起到有效的约束作用。两职合一与高管交易规模负相关，表明董事长和总经理为同一人的公司中高管团队的交易规模更小。机构投资者持股比例与高管团队交易规模正相关，表明机构投资者持有股票数量越多的公司中高管团队的交易规模越大，这可能是因为机构投资者持股的公司更加受到市场的关注，股票的流动性更好，拥有更多的套利机会，高管团队交易的获利空间更大，因此高管交易规模更大。资产收益率与高管交易规模负相关，表明绩效好的公司中高管团队的交易规模更小，这可能是因为绩效好的公司中内部控制更规范，流程更严格，高管将注意力更多地放在公司经营而不是利用公司私有信息谋利上，因此高管的交易规模更小。

表6-4 公司高管团队薪酬契约对高管团队交易总规模影响的回归检验

项 目	模型（1）TRADET	模型（2）TRADET	模型（3）TRADET	模型（4）TRADET
COMP	0.459 *** (3.16)	0.446 *** (3.07)	0.631 *** (2.63)	0.599 ** (2.49)
INGAP		0.170 ** (2.19)	0.173 ** (2.23)	0.390 *** (2.91)
OUTGAP			-0.159 (-0.97)	0.132 (0.60)
IN_OUTGAP				-0.142 ** (-1.98)
TMSHARE	0.324 *** (9.13)	0.326 *** (9.18)	0.323 *** (9.08)	0.323 *** (9.07)
FIRST3	-2.425 *** (-4.12)	-2.486 *** (-4.22)	-2.468 *** (-4.19)	-2.485 *** (-4.22)

续表

项　目	模型（1）TRADET	模型（2）TRADET	模型（3）TRADET	模型（4）TRADET
DUAL	-0.834***(-4.74)	-0.842***(-4.78)	-0.840***(-4.77)	-0.842***(-4.78)
INDEP	1.283(0.83)	1.308(0.85)	1.274(0.83)	1.178(0.76)
SEPERATION	-0.003(-0.28)	-0.004(-0.35)	-0.005(-0.42)	-0.005(-0.44)
INSTITUTION	1.624***(3.20)	1.631***(3.22)	1.625***(3.21)	1.671***(3.30)
ROA	-8.483***(-5.04)	-8.694***(-5.16)	-8.555***(-5.06)	-8.584***(-5.08)
SIZE	-0.063(-0.52)	-0.065(-0.54)	-0.050(-0.41)	-0.059(-0.49)
LEV	-0.883(-1.61)	-0.885(-1.62)	-0.905*(-1.65)	-0.915*(-1.67)
MTB	0.201***(5.32)	0.204***(5.40)	0.205***(5.41)	0.206***(5.44)
常数项	-5.729**(-2.30)	-5.822**(-2.33)	-8.258**(-2.33)	-8.020**(-2.26)
年度效应	控制	控制	控制	控制
行业效应	控制	控制	控制	控制
N	3 715	3 715	3 715	3 715
R_sq	0.042	0.044	0.044	0.045

注："*""**""***"分别表示在10%、5%、1%的水平上显著。

表6-5是薪酬契约与高管卖出交易规模的回归检验。从模型（1）至模型（4）可以看出，高管团队的薪酬水平和高管团队的卖出交易规模显著正相关，即薪酬越高，高管团队的卖出交易规模越大。由第五章的回归结果分析可得，高管的卖出交易行为能够获得短期的超额收益，即薪酬水平高的高管团队成员把握短时效信息的能力更强，能够通过对行业和公司运营规律的深刻理解判断出突发事件对于股票价格的短期冲击并利用股价的波动获

利。而薪酬水平低的高管团队成员难以准确判断突发事件对股票
价格的短期影响，因而其交易获利的能力更弱，导致其交易规模
小于薪酬水平高的高管团队。高管团队内部的薪酬差距和卖出交
易规模正相关，即高管团队内部薪酬差距越大，高管团队的卖出
交易规模越大。其结论符合行为理论，表明薪酬差距的扩大导致
高管对薪酬的满意度下降，团队规章制度对于高管交易行为的约
束能力减弱，高管倾向于承担更多的交易风险，利用掌握的私有
信息扩大交易规模，获取更多的收益。外部薪酬差距对高管团队
的卖出交易行为没有显著影响，对高管团队内部薪酬差距的影响
有遏制作用，表明高管团队正向外部薪酬差距的扩大能够增加高
管团队的薪酬满足感，减少由于内部薪酬差距扩大产生的不公平
感知，从而使高管团队减少卖出交易规模。

表 6 – 5　薪酬契约与高管卖出交易规模的回归检验

项　　目	模型（1）TRADES	模型（2）TRADES	模型（3）TRADES	模型（4）TRADES
COMP	0.423 * * *（3.05）	0.410 * * *（2.95）	0.581 * *（2.53）	0.550 * *（2.39）
INGAP		0.174 * *（2.35）	0.176 * *（2.38）	0.384 * * *（3.00）
OUTGAP			−0.146（−0.93）	0.132（0.63）
IN_OUTGAP				−0.136 * *（−1.98）
TMSHARE	0.328 * * *（9.67）	0.330 * * *（9.73）	0.327 * * *（9.63）	0.327 * * *（9.62）
FIRST3	−2.529 * * *（−4.50）	−2.591 * * *（−4.61）	−2.575 * * *（−4.58）	−2.591 * * *（−4.61）
DUAL	−0.779 * * *（−4.63）	−0.787 * * *（−4.68）	−0.785 * * *（−4.67）	−0.787 * * *（−4.68）
INDEP	0.554（0.38）	0.579（0.39）	0.548（0.37）	0.457（0.31）

续表

项　目	模型（1）TRADES	模型（2）TRADES	模型（3）TRADES	模型（4）TRADES
SEPERATION	0.003	0.002	0.001	0.001
	(0.25)	(0.17)	(0.10)	(0.09)
INSTITUTION	1.523 ***	1.530 ***	1.524 ***	1.569 ***
	(3.15)	(3.16)	(3.15)	(3.24)
ROA	− 8.694 ***	− 8.909 ***	− 8.781 ***	− 8.809 ***
	(− 5.41)	(− 5.54)	(− 5.44)	(− 5.46)
SIZE	− 0.147	− 0.148	− 0.135	− 0.143
	(− 1.27)	(− 1.28)	(− 1.16)	(− 1.23)
LEV	− 1.004 *	− 1.007 *	− 1.025 **	− 1.034 **
	(− 1.92)	(− 1.93)	(− 1.96)	(− 1.98)
MTB	0.215 ***	0.218 ***	0.218 ***	0.219 ***
	(5.96)	(6.04)	(6.05)	(6.08)
常数项	− 3.638	− 3.733	− 5.974 *	− 5.747 *
	(− 1.53)	(− 1.57)	(− 1.77)	(− 1.70)
年度效应	控制	控制	控制	控制
行业效应	控制	控制	控制	控制
N	3 715	3 715	3 715	3 715
R_sq	0.047	0.048	0.049	0.050

注："＊""＊＊""＊＊＊"分别表示在10%、5%、1%的水平上显著。

表6－6是薪酬契约与高管买入交易规模的回归检验。从模型（1）至模型（4）中可以看出，高管团队薪酬水平、团队内部薪酬差距、团队外部薪酬差距与高管买入交易规模间均没有显著的相关关系，表明薪酬契约对于高管团队交易行为的影响主要体现在高管团队的卖出交易规模上，而对于高管团队的买入交易规模并没有显著影响。回归检验结果表明，高管的卖出行为更有可能是因为得到短时效的内部消息所做出的投机性行为，而高管的买入行为由于受到6个月不准反向交易的限制，其行为选择更加谨慎，更有可能是高管基于自身经验对于未来公司股价发展的长期判断所做出的投资行为。

表6－6　薪酬契约与高管买入交易规模的回归检验

项　目	模型（1） TRADEP	模型（2） TRADEP	模型（3） TRADEP	模型（4） TRADEP
COMP	0.060 (0.81)	0.057 (0.76)	0.043 (0.35)	0.030 (0.24)
INGAP		0.048 (1.20)	0.047 (1.19)	0.136 * * (1.97)
OUTGAP			0.012 (0.14)	0.130 (1.15)
IN_OUTGAP				－0.058 (－1.57)
TMSHARE	0.045 * * (2.45)	0.045 * * (2.48)	0.045 * * (2.49)	0.045 * * (2.48)
FIRST3	－0.071 (－0.24)	－0.088 (－0.29)	－0.090 (－0.30)	－0.097 (－0.32)
DUAL	－0.141 (－1.56)	－0.143 (－1.59)	－0.144 (－1.59)	－0.144 (－1.60)
INDEP	0.857 (1.08)	0.864 (1.09)	0.866 (1.09)	0.827 (1.04)
SEPERATION	－0.007 (－1.08)	－0.007 (－1.12)	－0.007 (－1.11)	－0.007 (－1.12)
INSTITUTION	0.191 (0.73)	0.193 (0.74)	0.193 (0.74)	0.212 (0.81)
ROA	－0.405 (－0.47)	－0.464 (－0.54)	－0.474 (－0.55)	－0.486 (－0.56)
SIZE	0.128 * * (2.06)	0.127 * * (2.05)	0.126 * * (2.02)	0.122 * (1.96)
LEV	0.214 (0.76)	0.213 (0.76)	0.215 (0.76)	0.211 (0.75)
MTB	0.005 (0.27)	0.006 (0.31)	0.006 (0.31)	0.006 (0.33)
常数项	－3.756 * * * (－2.94)	－3.782 * * * (－2.96)	－3.601 * * (－1.98)	－3.505 * (－1.93)
年度效应	控制	控制	控制	控制
行业效应	控制	控制	控制	控制
N	3 715	3 715	3 715	3 715
R_sq	0.007	0.008	0.008	0.008

注："* " "* * " "* * * "分别表示在10%、5%、1%的水平上显著。

第四节 小 结

我国经济快速发展和金融改革深化导致企业面临的经营环境日益复杂，顾客需求的多样化和同业竞争的白热化导致企业中高管个体的能力已远远无法满足社会环境对于企业经营的要求，高管团队作为决策核心在企业经营中正起着日益重要的作用，团队成员应具备较强的协作能力，在发挥自身专业知识和技能水平的同时分工合作，做出更加符合市场预期的科学决策，以减少高管因为个人能力欠缺而导致的决策失误。团队中的高管具有各自的能力、价值观、公平感知和对待团队薪酬的态度，因此薪酬契约对高管的激励具有很强的个体特征，即对于不同的高管同样的薪酬契约的激励效果可能存在很大的不同，因此高管个人的交易行为选择也不尽相同。高管团队的交易行为是团队中高管个人交易行为的集中体现，反映了高管团队对于薪酬契约的整体满意程度；同时，高管个人交易与团队其他高管的交易行为存在相互影响。一方面，团队中高管的个人交易行为可能影响团队内的其他高管，导致其他高管相互效仿的行为，使得团队高管交易加剧；另一方面，高管的交易行为可能受到团队内其他高管的制约，即选择交易行为的高管受到其他高管的排挤和声誉损失，导致个人的交易行为减少，最终表现为高管团队整体交易规模的减少。

本章利用 2010—2014 年民营上市公司高管薪酬和高管交易的数据实证检验薪酬三维模型中高管团队薪酬水平、高管团队内部薪酬差距和不同公司高管团队间的外部薪酬差距对高管团队整体的交易规模、卖出交易规模和买入交易规模的影响。研究结果表明，薪酬水平与高管团队的整体交易规模正相关，这说明高薪高管团队掌握了行业内和公司内更多的信息，其专业知识和专业技能更强，导致其把握交易时机的能力更强，在自利性动机下会扩大交易规模以获得更多的收益。高管团队内部薪酬差距的增大与高管团队的交易数量正相关，表明高管团队内部薪酬差距的扩大会引起团队成员不公平感上升，团队内部的矛盾加剧，导致高管团队整体交易规模扩大。高管团队的外部薪酬差距有助于减缓内部薪酬差距对高管交易数量的促进作用。研究结果表明，单纯提高高管团队的薪酬水平无助于减弱高管利用公司私有信息的交易行为，高管团队掌握的公司内部信息、高管团队自身的专业技能和高管团队对行业及公司未来发展趋势的预测能力是影响高管团队交易规模的主要因素。高管团队交易规模与薪酬结构的实证结果表明，公司在高管团队的薪酬设计时需要更多地考虑薪酬契约体系的公平性，减少高管团队成员之间的薪酬差距，这有利于融洽团队氛围，增强团队凝聚力，避免高管由于不公平感知而做出损害公司利益的行为。同时，公司在制定高管团队的薪酬时需要根据公司自身水平，尽可能制定在行业中有竞争力的高管团队薪酬，这有利于增加高管团队成员的满足感，从而减少高管团队整体的交易规模。

进一步的分组研究表明，薪酬契约对高管团队交易规模的影响主要体现在对高管卖出交易规模的影响上，而对高管团队的买入交易规模的影响有限，这说明高管团队卖出交易行为更有可能是信息驱动的，即高管能够接触到短时效的信息并能准确判断股价未来的走势，提前进行交易，以此获得超额收益。而高管的买入交易行为由于受到 6 个月内不得进行反向交易的限制，高管在进行买入交易行为时更加看重企业的长期表现，因此高管的买入交易行为更加谨慎，导致薪酬水平和薪酬契约公平性对高管买入交易规模的影响较小。

高管团队在企业经营中的作用日益重要，因此本章从高管团

队交易行为的视角出发，结合参照点效应，利用薪酬体系影响高
管交易行为的薪酬水平、内部薪酬差距和外部薪酬差距"三维一
体"整体分析框架，研究高管团队在公司和行业间的薪酬坐标位
置对高管团队交易规模的交互影响，发现高管团队进行交易行为
选择时会更多地考虑团队薪酬结构的公平性。本章实证检验了薪
酬水平和薪酬内外部差距对高管交易团队交易规模的影响，拓宽
了薪酬契约对高管交易影响的研究范畴。

第七章

制度环境对薪酬契约激励调节效应的实证分析

在系统检验薪酬契约对高管个人交易择时能力和获利能力及对高管团队交易规模的效应之后，本章重点关注制度环境对薪酬契约激励效果的影响。根据第二章的文献回顾和第三章的理论模型推导可以发现，薪酬契约实施的有效性和薪酬契约实施的制度环境有很大关联。当制度环境中流动机制和声誉机制有效时，高管可以通过自身努力积累职业声誉，并通过跳槽将声誉变现，获得职位和薪酬的提升；当制度环境中的流动机制和声誉机制无效时，高管的声誉积累难以为高管带来职位晋升和薪酬的补偿，同时高管利用公司私有信息交易的行为并不会承担风险，此时高管可能会增加交易行为中的私有信息含量，扩大交易规模以获得额外收益（Milbourn，2003）。因此，薪酬契约在好的制度环境中更能发挥其激励作用。当制度环境不理想时，公司需要改变高管的薪酬水平，调节高管间的薪酬差距，从而增加薪酬契约对高管的激励作用。

高管拥有公司的经营权，制定公司重大的发展战略，掌握大量的公司内部私有信息，高管相对于普通投资者的信息优势是其能够拥有择时能力和获利能力的重要原因，高管对于公司未来股价走势的准确判断是其敢于扩大交易规模、追求更大收益的重要原因。公司内外部的制度环境对高管掌握的私有信息含量及其交易行为选择有重要的影响：法律法规能够增加高管交易所面临的声誉风险和诉讼风险，增加高管交易的机会成本；《中华人民共和国证券法》规定对于违规的高管交易需要没收其非法所得并处以警告处分，使得高管在选择交易行为时更加谨慎，从而能够遏制其利用私有信息的交易行为。内控水平高的公司中，信息披露制度更加完善，高管考核晋升的途径更加清晰，能够有效地减少公司内外部的信息不对称，减少高管掌握的私有信息空间，从而遏制高管的择时能力和获利能力，促使高管将更多的精力放在提高公司业绩以获得薪酬提升，从而增加了薪酬契约对高管的激励效果。区域市场化程度的发展能够减弱高管在不同企业间流动的限制，使得高管薪酬水平与其自身努力程度的匹配性上升，提升高管的薪酬满意度，减少高管的交易动机。区域市场化的发展同时能够在经理人市场中建立有效的声誉机制，使得高管在经营企业中更加注重自身的声誉积累。高管利用公司内部私有信息交易获利的行为会降低高管的声誉，因此随着公司外部区域市场化程度的提升，高管出于长远职位晋升的考虑会减少自己利用私有信息的交易行为。分析师是公司外部治理环境重要的组成部分，在资本市场上起到信息挖掘和信息传递的作用，能够将公司内部的信息传递给外部投资者，减少公司内外部的信息不对称，从而压缩高管交易的私有信息空间，减少高管交易获利，使得高管更关注自身薪酬水平的提升，从而增强薪酬契约的激励效果。

基于上述分析，本章从法律环境、公司内控水平、区域市场化程度、分析师关注度四个方面研究公司内外部监督治理环境对薪酬契约实施有效性的影响，分析制度环境在薪酬契约对高管个人和高管团队交易行为的效应中起到何种调节作用，拓展薪酬契约对高管激励的研究成果，加深对于薪酬契约对高管激励作用机理的理解，为处在不同制度环境下的公司薪酬体系优化提供参考依据。

第一节　理论分析与研究假设

　　第五章和第六章从薪酬水平、内部薪酬差距和外部薪酬差距三方面分析了薪酬契约对于高管个人择时能力和获利能力及高管团队交易规模的影响。然而，值得注意的是，薪酬契约激励效果的实现有赖于薪酬契约实施的制度环境，即制度环境会影响薪酬契约的实施效果。制度环境是一系列与政治、经济和文化有关的法律、法规和习俗，不同制度环境下相同薪酬契约对高管的激励效果也可能存在明显的差异性。

　　制度环境能够通过流动机制和声誉机制对薪酬契约的实施效果产生影响（Milbourn，2003）。有效的流动机制表明公司内部的晋升渠道透明，晋升标准清晰，同时高管在不同公司间的流动并不会遇到太多的障碍，高管可以通过长期的努力获得职位晋升，从而在经理人市场上获得更多的报酬以弥补其付出的努力。而当流动机制遭到破坏时，高管的努力可能并不能得到董事会的认可，使其难以获得更高的职位，同时企业间信息透明度低，职位的转换成本高，高管的努力不能得到同行的认可，此时高管更容易产生不满的情绪（黎文靖 等，2012），导致其更倾向于利用公司的私有信息扩大交易规模，在股票市场上交易获利，以此弥补自身努力与所获薪酬的不匹配。

　　有效的声誉机制表明公司内外部的制度环境能够对高管的业绩做出公平公正的评价，并对高管的行为进行有效的监督（Ertimur et al.，2012）。在信息透明、信息传递效率高的环境中，高管可以通过增加努力程度提高企业业绩来建立声誉，并通过长期的努力在企业持续经营发展中积累自己的声誉；声誉积累有助于高管在制度环境中获得更高的职位和报酬，同行业的竞争公司会给予高声誉的高管更高的薪酬待遇以挖掘管理人才，而公司的董事会为了留住高管也会提高其薪酬待遇。同时，高管声誉的提升也会增加团队内高层高管被替换的风险，并激励低层高管更加努力工作以建立自己的声誉机制。此时，薪酬差距更多地表现为正向的激励效应，而利用公司私有信息交易的行为会损害高管的声誉，影响高管未来长期的职位和薪酬的提升（Liu et al.，2016），所以市场声誉机制有效时，薪酬差距带来的收益能够弥补高管努力的付出，高管会着眼于自身长期的发展，减少利用公司私有信息获利的行为，以维护自身的声誉，促进声誉的积累。但是，当制度环境中的声誉机制无效时，高管的声誉累积并不能带来薪酬待遇的提升，公司内部和企业间经理人市场流动性不足使得高管不会面临被解聘的危险，高管无需承担交易行为所带来的声誉损失。同时，利用私有信息的交易行为能够为高管带来薪酬外的私有利益。此时，高管会增加利用公司私有信息的交易行为，扩大交易规模以谋取更多的收益，薪酬差距就可能对高管产生负向的激励作用。上述分析表明，制度环境有效性的提升能够增加薪酬差距的激励作用，减少高管利用私有信息的交易行为。

一、法律环境对薪酬契约激励效果的影响

法律环境是公司经营所面临的重要制度环境，清晰明确的法律法规及有效的监督执行对于规范资本市场参与者的交易行为具有积极的作用，法律法规的逐步完善及执行力度的不断加强对高管利用私有信息的交易行为能够起到有效的遏制作用。法律法规的实施使得高管交易面临更大的声誉风险和诉讼风险，能够改变高管的交易策略和交易时机，减少高管利用私有信息谋利的动机，使高管将更多的精力放在提升公司业绩上，通过企业绩效的

提升获得更多的薪酬，从而增加了薪酬契约对高管的激励作用。同时，根据相关法律法规的要求，高管需要在交易后两日内及时披露自己的交易信息，并接受投资者的监督，从而能够降低高管与外部投资者之间的信息不对称，增加高管交易行为的透明度，减少高管掌握的私有信息空间，加速资本市场价格调节，压缩高管的获利空间，减少高管交易中使用的私有信息含量，缩小高管交易规模，减少高管交易获利。高管交易获利风险的增加会使得高管更加注重提升公司绩效以获得薪酬提升，从而能够增加薪酬契约对高管的激励作用。

　　法律法规能够保障投资者的利益，完善上市公司的信息披露制度，使得上市公司的运营更加公开透明，从而能够减少高管持有的公司私有信息，降低高管的信息优势，减少高管的交易动机。同时，法律法规也是高管合法获得薪酬、在行业内不同公司间跳槽的有效保障，使得高管可以通过跳槽获得和自己努力相一致的薪酬，从而减缓高管利用私有信息获利的动机。法律法规的完善对于区域经理人市场的构建有重要的促进和保障作用，使得高管更关注通过企业价值提升所获得的薪酬奖励，从而提升薪酬契约对高管的激励作用。因此，法律法规的实施和规范能够有效地减少高管的交易动机，增加高管交易获利的机会成本，从而能够减少高管的交易获利和交易规模。为此，提出假设 H1。

　　H1：法律法规的规范能够增加薪酬契约对高管的激励作用，减少高管的择时能力和获利能力及交易规模。

二、公司内控水平对薪酬契约激励效果的影响

　　良好的内部控制水平能够完善公司内部的制度环境，使得高管在公司内部的晋升渠道更加透明，声誉机制更加有效（Altamuro et al.，2010）。内部控制水平的提高能够增加公司内部的信息披露与信息流动，使得管理层的晋升渠道更加透明，业绩指标更加细化

明确，董事会对高管业绩的评价更加客观公正（李万福 等，2011）。此时，高管会努力提高自身的技术水平和专业知识，改善企业的经营绩效，积累自己的声誉（Acharya et al.，2011）。同时，高管会减少消极怠工的行为，树立积极正面的高管形象，减少利用内部信息侵害股东利益的交易行为，维持自己的声誉，以尽快通过职位晋升获得薪酬水平的提升（Skaife et al.，2013）。公司内控水平的提升能够使高管的决策过程更加规范，公司的经营活动更加透明，公司的信息披露更加及时，能够有效增加公司内外部间的信息传递效率，降低公司内外部的信息不对称性，从而减少高管掌握的私有信息，压缩高管的获利空间，降低高管的交易动机，使其更关注通过职位晋升获得额外的薪酬。同时，内控水平的提升能够规范公司内部的流程审批制度和信息披露制度，减少高管通过操纵信息披露时机赚取超额收益的机会。

在内控水平差的公司中，高管的努力难以得到公正的评价，公司内部的职位升迁制度不透明，晋升渠道不清晰，高管难以通过提高自身努力程度获得合理的薪酬回报，高管的薪酬水平与努力程度的不匹配性上升，导致高管的薪酬满意度下降。同时，考虑到高管在制度环境差的公司中难以获得突出的业绩成就，使其通过跳槽获得薪酬增加的可能性降低，而且薪酬差距更有可能带来团队高管不公平感的上升。此时，高管的声誉损失并不会影响自身的职业晋升，声誉风险带来的损失较小，高管会更加关注公司内部私有信息的搜集，增加利用公司私有信息交易谋利的行为以获得薪酬外的收益，导致薪酬体系对高管的激励作用减弱。上述分析表明，公司内控水平对于薪酬契约对高管的激励效应存在正向的调节作用。为此，提出研究假设 H2。

H2：公司内控水平的改善能够加强薪酬契约对高管的激励作用，减少高管的择时能力和获利能力及交易规模。

三、区域市场化程度对薪酬契约激励效果的影响

区域市场化程度的加深包含公司外部制度环境的完善和发展。区域市场化程度的加深能够在区域内建立有效的经理人市场，促进高管在不同公司间的流动，增加高管薪酬与高管能力的匹配度，完善高管业绩的评价体系，减少高管在不同企业间流动的阻碍，打通流通的瓶颈，促进高管人员在不同企业间的流动，强化高管个人声誉机制的作用（Hasan et al.，2009），使得高管更加注重声誉的长期积累。高管利用公司内部私有信息获得超额收益的行为会降低公司的声誉，同时使得高管个人的声誉受到损失，不利于高管长期的职业发展。因此，预期区域内经理人市场声誉机制的完善能够减少高管利用私有信息的交易行为，使得高管更关注于通过提升企业绩效获得薪酬的提升，从而增加薪酬契约对高管的激励作用。

在市场化程度高的区域，法律制度更加完善，外部的监督机制更加健全，高管的交易行为受到投资者更多的关注，高管利用公司内部信息谋利时面临更严重的声誉风险和诉讼风险，同时投资者对于公司信息公开的要求能够督促公司建立更完善的信息披露制度，减少公司内外部信息不对称的程度，从而减少高管拥有的私有信息空间（伊志宏 等，2010）。市场化程度的提升使得高管交易风险加剧、交易收益下降，此时高管会注重自身声誉的维护，提高公司经营业绩以换取长期的薪酬收益，从而减少交易行为中私有信息含量的使用，缩小交易规模，避免交易所带来的声誉损失风险。

在市场化程度低的区域，区域内不同公司间经理人市场的流动存在诸多障碍，法律法规对高管跳槽的权益保障不健全，增加了高管在企业间流动的成本，导致高管努力程度与薪酬回报间的匹配性下降，高管存在利用公司内部私有信息交易获利的动机。同时，声

誉机制难以帮助高管实现职位晋升和薪酬补偿。监管高管交易的法律法规监督不严，执行力度欠缺，导致高管的交易行为不需要承担薪酬损失、声誉损失和诉讼风险，高管交易获利的机会成本较低。在此情况下，高管倾向于利用更多的私有信息，扩大交易规模以获得更多的超额收益。公司内高管成员间甚至存在合谋操纵公司信息披露从而操纵股价的可能性，造成股票市场波动加剧，高管交易的收益远远大于薪酬契约给予高管经营公司的报酬，薪酬契约对高管的激励作用降低。因此，区域市场化程度的加深对高管薪酬契约的有效性起着重要的正向调节作用，区域市场化程度的加深能够增加制度环境的有效性，加强薪酬差距对高管的激励作用。为此，提出研究假设 H3。

H3：区域市场化程度的加深能够加强薪酬契约对高管的激励作用，减少高管的择时能力和获利能力及交易规模。

四、分析师关注度对薪酬契约激励效果的影响

证券分析师作为资本市场中的信息中介，其职能主要体现在对公司公开信息的解释和对私有信息的挖掘（Ramnath et al.，2008）。一方面，分析师利用自身掌握的专业知识和实践经验对公司公开披露的信息进行解读与加工，并通过股票评级报告和盈余预测报告向外部投资者传递加工后的信息，促进资本市场的价格发现，提高上市公司信息传递效率；另一方面，分析师通过实地考察及与管理层的直接接触掌握公司尚未披露的内部信息，实现对企业私有信息的挖掘功能，并利用分析报告将其传递给外部投资者，进一步减少公司内外部的信息不对称。证券分析师能够在资本市场中产生"聚光灯"效应，引领外部投资者的关注方向，起到向导作用。

分析师在资本市场上公开信息解释和私有信息挖掘的角色能够降低高管与外部投资者间信息不对称的程度。当公司向市场公

开披露信息时，外部投资者获得、理解信息需要花费大量成本，分析师利用自身的专业知识对信息进行解读与加工，并将其通过盈余预测报告和股票评级报告的形式传递给外部投资者，能够节约外部投资者研读公司公告的时间，加深外部投资者对公司所披露信息的理解，加强公司内部信息的传播速度和传播广度，从而减少公司内外部的信息不对称（陈辉 等，2013）。同时，分析师可以通过实地调研和访谈，结合公司所在行业的发展趋势和公司供应商和客户的经营状况，挖掘尚未披露的内部信息（Green et. al.，2014），并将其传递给外部投资者，进一步减少高管掌握的私有信息，削弱高管的信息优势。

分析师能够影响高管交易行为面临的声誉风险和诉讼风险，从而改变高管的交易行为。已有研究发现，交易环境会影响高管的行为选择，高管会主动择机交易以降低交易风险。当高管有不当交易获利时，公司会遭遇声誉损失，股价出现明显下跌（Engelen，2012）。通过分析美国上市公司 1984—2000 年的高管交易数据后发现，高管倾向于在盈余消息公告后进行交易以降低诉讼风险。而且，这种现象在市值小、分析师关注度低、机构投资者持股比例低、暂时性盈余较多的公司更为常见（Jagolinzer，2009）。分析师关注起着"聚光灯"的作用，能够增加企业违规行为的诉讼风险，从而改变企业的行为选择。已有研究表明，分析师能够遏制上市公司高管的盈余管理行为（Yu，2008），增加上市公司的信息披露。当分析师关注增加时，高管利用信息优势频繁交易将承受更大的舆论压力，导致声誉损失风险增加（Fama et al.，1983），因此高管出于对未来就业机会和薪酬的考量，会在分析师关注期间减少利用公司私有信息的交易行为。同时，分析师对高管交易行为的持续关注更有可能引起执法监督部门的注意。对于民营企业来说，行政介入往往意味着高管交易面临更大的诉讼风险（沈艺峰，2010）。由此可见，高管可能在分析师关注期间改变交易行为，从而规避利用私有信息交易所面临的风险。

综上所述，分析师关注能够减少高管的信息优势，加强公司内外部的信息透明度，增加高管利用公司私有信息交易所面临的声誉风险和诉讼风险，从而降低高管的不当交易获利，使得高管将更多的精力用于公司业绩的提升上，以期获得职位晋升和薪酬回报。因此，预期分析师能够增强薪酬契约对高管的激励效果。为此，提出假设 H4。

H4：分析师关注度的提升能够加强薪酬契约对高管的激励作用，减少高管的择时能力和获利能力及交易规模。

第二节　研究设计与样本选择

一、样本选择与数据来源

本书选取 2010—2014 年 A 股民营非金融类上市公司作为初始的研究样本。样本研究区间的选取主要基于以下原因：① 2006年的《中华人民共和国公司法》解除了上市公司高管交易限制，其后两年内高管交易仍不活跃，只有零星的高管交易行为，交易行为披露延迟的情况比较普遍，信息披露仍不规范，高管交易信息存在缺失；② 2008 年金融危机爆发，宏观环境波动导致高管的交易行为更多地出于流动性避险需求，不能有效地反映高管个人在交易行为中利用私有信息的程度，可能会影响本书的结论；③ 2005 年我国的股权分置改革开始实施，部分上市公司的股权分置改革直到 2009 年尚未全部完成，导致部分高管交易受限，无法将持有的股票自由交易，所以本书选取经济危机后宏观环境相对稳定的 2010—2014 年的数据作为研究样本，以减少宏观环境波动和股权分置改革等因素对结论的影响。

选择民营企业作为研究样本基于以下原因：① 国有企业的上市公司高管受到多重政治监督，高管的薪酬激励方式更加多元化，包含政治晋升、在职消费等隐性激励，而民营企业的高管任命约束较少，高管主要关注于自身经营公司的收益，因此国有企业高管交易行为的动机和民营上市公司高管交易行为的动机可能存在较大差异；② 考虑到民营上市公司面临的经营环境更加市场化，没有保就业等社会负担，薪酬体系变动更加灵活，研究民营上市公司的薪酬体系能够为国有企业的薪酬改革提供一定的借鉴作用；③ 国有企业高管在不同公司间的流动性较差，声誉机制和流动机制对高管的影响有限，高管交易约束机制的市场化程度不足，与民营企业的高管交易环境存在较大差别。因此，本书选取民营上市公司作为研究样本，提取实证数据。

在初始样本的基础上，本书按照以下的条件筛选和处理样本。

（1）剔除数据缺失的样本，剔除高管个人特征、企业特征等控制变量缺失的样本，并对样本中的连续变量按照 1% 的比例进行 Winsorize 处理，以消除极端值的影响。

（2）剔除金融类和 ST 企业的样本。

（3）剔除大宗交易、竞价交易和二级市场买卖三种交易方式外的高管持股变动样本。

（4）剔除股份变动绝对数值少于 1 000 的高管交易样本。

（5）剔除运用窗口事件法时高管交易日前后 120 天内存在停牌导致的股票数据缺失样本。

（6）剔除非高管团队的监事和董事样本。

（7）剔除高管薪酬为 0 或高管薪酬缺失的样本。

（8）考虑到民营企业中的家族企业管理人员可能持有大量公司股票，此时货币性薪酬对高管交易的行为约束可能较小，为防止家族控股的民营公司对研究结论的影响，本书剔除高管团队持股总数占总股本高于10%的样本，以减少家族创业型上市公司对实证结论的影响。

高管交易数据来源于深圳证券交易所和上海证券交易所披露的上市公司的高级管理人员在二级市场上买入和卖出本公司股票的交易数据，薪酬数据和控制变量来源于 CSMAR 数据库。

二、研究设计

本书以高管交易行为为切入点，研究公司内外部制度环境（法律环境、公司内控水平、区域市场化程度、分析师关注度）对薪酬激励效果的调节作用。本书提出的实证检验模型为：

$$
\begin{aligned}
\text{CAR20}_{i,j,t}/\text{CAR120}_{i,j,t} = {} & \beta_0 + \beta_1 ZD * \text{COMP}_{i,j,t-1} + \beta_2 ZD * \text{INGAP}_{i,j,t-1} + \\
& \beta_3 ZD * \text{OUTGAP}_{i,j,t-1} + \beta_4 \text{TRANCODE}_{i,j,t} + \\
& \beta_5 \text{RELATIONSHIP}_{i,j,t} + \beta_6 \text{GAOGUAN}_{i,j,t} + \\
& \beta_7 \text{TMSHARE}_{i,t-1} + \beta_8 \text{FIRST3}_{i,t-1} + \beta_9 \text{DUAL}_{i,t-1} + \\
& \beta_{10} \text{INDEP}_{i,t-1} + \beta_{11} \text{SEPERATION}_{i,t-1} + \\
& \beta_{12} \text{INSTITUTION}_{i,t-1} + \beta_{13} \text{ROA}_{i,t-1} + \beta_{14} \text{SIZE}_{i,t-1} + \\
& \beta_{15} \text{LEV}_{i,t-1} + \beta_{16} \text{MTB}_{i,t-1} + \beta_{17} \text{SOE}_{i,t-1} + \varepsilon_{i,t} \quad (7-1)
\end{aligned}
$$

$$
\begin{aligned}
\text{SVALUE}_{i,j,t}/\text{LVALUE}_{i,j,t} = {} & \beta_0 + \beta_1 ZD * \text{COMP}_{i,j,t-1} + \beta_2 ZD * \text{INGAP}_{i,j,t-1} + \\
& \beta_3 ZD * \text{OUTGAP}_{i,j,t-1} + \beta_4 \text{TRANCODE}_{i,j,t} + \\
& \beta_5 \text{RELATIONSHIP}_{i,j,t} + \beta_6 \text{GAOGUAN}_{i,j,t} + \\
& \beta_7 \text{TMSHARE}_{i,t-1} + \beta_8 \text{FIRST3}_{i,t-1} + \beta_9 \text{DUAL}_{i,t-1} + \\
& \beta_{10} \text{INDEP}_{i,t-1} + \beta_{11} \text{SEPERATION}_{i,t-1} + \\
& \beta_{12} \text{INSTITUTION}_{i,t-1} + \beta_{13} \text{ROA}_{i,t-1} + \beta_{14} \text{SIZE}_{i,t-1} + \\
& \beta_{15} \text{LEV}_{i,t-1} + \beta_{16} \text{MTB}_{i,t-1} + \beta_{17} \text{SOE}_{i,t-1} + \varepsilon_{i,t} \quad (7-2)
\end{aligned}
$$

$$
\begin{aligned}
\text{TRADE}_{i,t} = {} & \beta_0 + \beta_1 ZD * \text{COMP}_{i,t-1} + \beta_2 ZD * \text{INGAP}_{i,t-1} + \\
& \beta_3 ZD * \text{OUTGAP}_{i,t-1} + \beta_4 \text{TMSHARE}_{i,t-1} + \\
& \beta_5 \text{FIRST3}_{i,t-1} + \beta_6 \text{DUAL}_{i,t-1} + \beta_7 \text{INDEP}_{i,t-1} + \\
& \beta_8 \text{SEPERATION}_{i,t-1} + \beta_9 \text{INSTITUTION}_{i,t-1} +
\end{aligned}
$$

$$\beta_{10}\text{ROA}_{i,t-1} + \beta_{11}\text{SIZE}_{i,t-1} + \beta_{12}\text{LEV}_{i,t-1} + \beta_{13}\text{MTB}_{i,t-1} +$$
$$\beta_{14}\text{SOE}_{i,t-1} + \varepsilon_{i,t} \qquad\qquad (7-3)$$

式（7-1）中，$\text{CAR20}_{i,j,t}$ 和 $\text{CAR120}_{i,j,t}$ 代表公司 i 的第 j 位高管在 t 时刻做交易的短期和长期的超额收益率，即高管的择时能力。式（7-3）中，$\text{TRADE}_{i,t}$ 表示公司 i 的高管团队在 t 时刻的交易数量的对数。其余解释变量同式（5-1）和式（6-1），ZD 是制度环境的替代变量，分别代表高管交易的法律环境（法律法规）、公司内控水平、区域市场化发展程度和市场外部监督环境（此处用分析师关注度替代）。研究变量的定义及说明如表7-1所示。

表 7-1　研究变量的定义及说明

变量类别	变量名称	变量符号	变量的定义及说明
因变量	短期超额收益	CAR20	市场法估算高管交易后 20 天所得的超额收益率
	长期超额收益	CAR120	市场法估算高管交易后 120 天所得的超额收益率
	短期获利能力	SVALUE	CAR20、高管交易均价和交易股数乘积的对数
	长期获利能力	LVALUE	CAR120、高管交易均价和交易股数乘积的对数
	高管团队交易总量	TRADET	公司 i 在 t 年内高管团队交易数量总和的对数
自变量	个人薪酬水平	$\text{COMP}_{i,j,t}$	高管个人的薪酬取对数
	个人内部薪酬差距	$\text{INGAP}_{i,j,t}$	高管个人薪酬和公司内高管平均薪酬的比值
	个人外部薪酬差距	$\text{OUTGAP}_{i,j,t}$	高管个人薪酬和行业内高管平均薪酬的比值
	团队薪酬水平	$\text{COMP}_{i,t}$	高管团队的平均薪酬取对数
	团队内部薪酬差距	$\text{INGAP}_{i,t}$	总经理年薪与其他高管薪酬均值的比值
	团队外部薪酬差距	$\text{OUTGAP}_{i,t}$	高管团队薪酬平均值与行业内其他高管团队薪酬平均值的比值
调节变量	法律环境	LAW	樊纲指数中的法律环境指数
	公司内控水平	IC	迪博指数/1 000
	区域市场化程度	MI	樊纲指数中的区域市场化程度
	分析师关注度	ANALYST	每年对各家公司发布盈余预测的证券分析师数量的对数

变量类别	变量名称	变量符号	变量的定义及说明
控制变量	流通股总股数	TMSHARE	公司当年的流通股总股数取对数
	交易方向	TRANCODE	高管买入交易时取1，卖出交易时取0
	是否高管本人交易	RELATIONSHIP	高管本人交易时取1，亲属交易时取0
	股权集中度	FIRST3	公司前三大股东持股比例
	两职合一	DUAL	总经理和董事长不是同一人取0，是同一人取1
	独立董事比例	INDEP	公司独立董事人数占董事会总人数的比例
	两权分离程度	SEPERATION	公司所有权和经营权的分离程度
	机构投资者持股	INSTITUTION	机构投资者持股比例
	总资产利润率	ROA	总利润除以期初资产加上期末资产的平均数
	公司规模	SIZE	总资产的对数
	公司负债率	LEV	负债合计/总资产
	市净率	MTB	收盘价当期值/（所有者权益合计/实收资本本期期末值）

第三节　实证检验与结果分析

一、描述性统计结果

表7-2和表7-3分别是以高管个人交易行为和高管团队交易行为的回归变量描述性统计，重点关注法律法规、区域市场化程度、公司内控水平、分析师关注度对于薪酬契约激励效果的调节作用。从表7-2可以看出，法律环境的均值和中位数分别为3.261和3.270，表明大部分地区的法律环境指数位于中位数以下；区域市场化程度指数的均值和中位数分别为11.221和11.330，迪博指数的均值和中位数分别为0.698和0.698，分析师关注度的均值和中位数分别为3.789和4.007，表明地区发展

并不均衡，各地区的制度环境存在很大的差异性。高管短期和长期择时能力的中位数分别为 0.005 和 0.029，表明样本中大部分高管交易都可以获得超额收益。

表 7 – 2　高管个人交易行为的回归变量描述性统计

变量名称	数量	均值	最小值	上四分位	中位数	下四分位	最大值	方差
CAR20	25 258	– 0.002	– 0.719	– 0.066	0.005	0.070	0.427	0.12
CAR120	18 066	0.027	– 1.638	– 0.192	0.029	0.250	1.587	0.38
SVALUE	25 258	0.373	– 16.872	– 10.072	5.506	10.096	16.568	10.12
LVALUE	18 066	0.615	– 17.950	– 11.000	7.027	11.271	18.210	11.27
LAW	25 229	3.261	3.000	3.210	3.270	3.320	3.630	0.08
MI	25 229	11.221	7.650	10.510	11.330	11.400	12.660	0.96
DIBO	21 421	0.698	0.433	0.671	0.698	0.718	0.975	0.06
ANALYST	25 158	3.789	0.693	3.135	4.007	4.554	5.844	1.09
COMP	25 258	12.747	8.780	12.282	12.786	13.198	15.864	0.76
INGAP	25 258	1.000	0.029	0.806	0.958	1.122	5.488	0.39
OUTGAP	25 258	1.082	0.011	0.502	0.845	1.277	14.195	1.06
TRANCODE	25 258	0.158	0.000	0.000	0.000	0.000	1.000	0.37
RELATIONSHIP	25 258	0.820	0.000	1.000	1.000	1.000	1.000	0.38
FIRST3	25 258	0.542	0.123	0.459	0.562	0.639	0.891	0.13
DUAL	25 258	0.420	0.000	0.000	0.000	1.000	1.000	0.49
INDEP	25 258	0.373	0.300	0.333	0.333	0.429	0.600	0.05
SEPERATION	25 258	4.833	0.000	0.000	0.000	10.090	33.448	7.05
INSTITUTION	25 258	0.186	0.000	0.055	0.143	0.268	0.879	0.17
ROA	25 258	0.068	– 0.218	0.029	0.064	0.100	0.246	0.06
SIZE	25 258	21.538	19.243	20.872	21.290	21.946	25.400	1.07
LEV	25 258	0.338	0.045	0.187	0.302	0.456	0.789	0.19
MTB	25 258	3.963	1.219	2.220	3.342	4.842	13.984	2.47

从表 7 – 3 可以看出，法律环境指数的均值和中位数分别为 3.259 和 3.270，区域市场化程度的均值和中位数分别为 11.157 和 11.250，迪博指数的均值和中位数分别为 0.683 和 0.695，分析师

关注度的均值和中位数分别为 3.303 和 3.332。高管团队的交易样本共有 3 715 个，从描述性统计结果可以看出，大部分公司的四项指数的得分平均数低于中位数，表明部分地区的发展程度较好，而大部分地区的发展程度一般，地区发展存在不平衡的现象。

表 7-3　高管团队交易行为的回归变量描述性统计

变量名称	数量	均值	最小值	上四分位	中位数	下四分位	最大值	方差
TRADE	3 715	2.728	0.000	0.000	0.000	0.000	17.081	4.93
COMP	3 715	12.676	9.012	12.264	12.659	13.079	15.267	0.62
INGAP	3 715	1.718	0.024	1.277	1.536	1.914	24.786	1.03
OUTGAP	3 715	1.188	0.019	0.659	0.964	1.425	11.880	0.91
LAW	3 672	3.259	3.000	3.210	3.270	3.320	3.630	0.09
MI	3 686	11.157	5.900	10.450	11.250	11.400	12.660	1.05
DIBO	2 491	0.683	0.000	0.667	0.695	0.717	0.952	0.08
ANALYST	3 584	3.303	0.693	2.565	3.332	4.127	6.221	1.09
TMSHARE	3 715	15.800	5.298	14.646	16.570	17.703	20.768	2.71
FIRST3	3 715	0.553	0.030	0.453	0.572	0.668	0.947	0.15
DUAL	3 715	0.397	0.000	0.000	0.000	1.000	1.000	0.49
INDEP	3 715	0.372	0.250	0.333	0.333	0.429	0.667	0.05
SEPERATION	3 715	4.676	0.000	0.000	0.000	8.036	53.424	7.30
INSTITUTION	3 715	0.158	0.000	0.034	0.104	0.224	0.919	0.17
ROA	3 715	0.068	-0.176	0.030	0.061	0.099	0.272	0.06
SIZE	3 715	21.384	15.577	20.737	21.235	21.887	25.513	0.95
LEV	3 715	0.327	0.029	0.155	0.291	0.470	1.473	0.21
MTB	3 715	3.458	0.000	2.011	2.762	4.166	20.712	2.35

二、制度环境对薪酬契约激励效果的调节作用

（一）法律环境对薪酬契约激励效果的调节作用

表 7-4 是法律环境在薪酬契约对高管个人择时能力影响中的

调节作用的回归检验。其中，模型（1）至模型（4）是法律环境对高管短期择时能力调节作用的回归检验，模型（5）至模型（8）是法律环境对高管长期择时能力调节作用的回归检验。

在模型（1）和模型（5）的回归结果中，法律环境与高管短期和长期择时能力的回归系数显著负相关，表明法律环境的改善能够有效地遏制高管的短期择时能力和长期择时能力。法律环境的改善会增加高管交易面临的法律风险和诉讼风险，因而高管在选择交易时机时会更加谨慎，从而减少利用公司内部信息的交易行为，导致高管短期和长期的择时能力减弱。

在模型（2）和模型（6）的回归结果中，法律环境与高管个人薪酬的交乘项系数显著为负，表明法律环境的改善能够减少高薪高管交易中使用的私有信息含量，规范高薪高管的交易行为。在公司的经营中，高薪高管能够接触到更多的公司内部信息，相对于外部投资者有巨大的信息优势；对行业和企业未来的发展有着更加准确的判断，相比于低薪酬的高管，高薪高管在交易股票时能够利用更多的私有信息，因而择时能力更强。法律法规的实施对薪酬水平与高管择时能力的关系有负向的调节作用，表明法律环境的改善对高薪高管交易择时能力的遏制作用更强，即高薪酬的高管虽然拥有更大的信息优势，但是在交易时机的选择上会减少信息优势的使用以减少法律环境改变所带来的诉讼风险。

在模型（3）和模型（7）的回归结果中，法律环境和高管个人内部薪酬差距的交乘项系数显著为负，表明法律环境的改善能够遏制高管个人内部薪酬差距对于高管交易短期和长期择时能力的激励，即法律环境的完善能够减少团队内部高薪高管交易的择时能力，减少高薪高管短期和长期利用公司私有信息谋利的行为。

在模型（4）和模型（8）的回归结果中，法律环境与高管个人外部薪酬差距的交乘项系数在短期内不显著，但在长期内显著为负，表明法律环境的改善对于外部薪酬差距对高管的激励在短期内没有作用，而长期来看可以减少行业内高薪高管在交易中使用的公司内部信息，降低行业内高薪高管交易行为的择时能力，使得资本市场的交易环境更加公平。

综合来看，模型（1）至模型（8）的回归结果表明，法律环境的改善对于高管短期和长期的择时能力有很强的遏制作用，其遏制作用在公司内和行业内薪酬水平高的高管群体中更为显著，这说明法律环境的改善能够增加高管利用私有信息交易的机会成本，能够增加高管交易面临的法律风险和诉讼风险，使得高管，尤其是掌握大量公司内部信息的高薪高管减少交易行为中的私有信息含量，导致高管交易行为的择时能力降低，使得高管将更多的精力放在公司经营上，期望通过增加企业业绩获得更多的薪酬，从而增加了薪酬契约对高管的激励效果。法律法规的完善使高管所处的公司环境和社会环境更加透明、资本市场更加公平，因而高管会选择努力工作获得更多的报酬，从而减少交易行为中的私有信息含量，使得高管交易的择时能力减弱。

表7-4　法律环境在薪酬契约对高管个人择时能力影响中的调节作用的回归检验

Panel A：高管短期择时能力

项　目	模型（1） CAR20	模型（2） CAR20	模型（3） CAR20	模型（4） CAR20
COMP	0.010*** (5.86)	0.025*** (8.21)	0.010*** (5.86)	0.010*** (5.44)
INGAP	-0.014*** (-6.31)	-0.014*** (-6.29)	0.144*** (5.13)	-0.014*** (-6.12)
OUTGAP	0.004*** (3.12)	0.004*** (3.09)	0.004*** (3.01)	0.016 (0.64)
LAW	-0.057*** (-6.19)			
COMP_LAW		-0.005*** (-6.22)		
INGAP_LAW			-0.048*** (-5.65)	

续表

Panel A: 高管短期择时能力

项　目	模型（1） CAR20	模型（2） CAR20	模型（3） CAR20	模型（4） CAR20
OUTGAP_LAW				-0.004 (-0.48)
常数项	0.115*** (2.79)	-0.069** (-2.47)	-0.073*** (-2.60)	-0.070** (-2.50)
控制变量	控制	控制	控制	控制
年度效应	控制	控制	控制	控制
行业效应	控制	控制	控制	控制
N	25 229	25 229	25 229	25 229
R_sq	0.038	0.038	0.038	0.037

Panel B: 高管长期择时能力

项　目	模型（5） CAR120	模型（6） CAR120	模型（7） CAR120	模型（8） CAR120
COMP	0.011* (1.67)	0.098*** (8.42)	0.011* (1.67)	0.016** (2.39)
INGAP	-0.033*** (-3.88)	-0.032*** (-3.84)	0.868*** (7.99)	-0.025*** (-2.92)
OUTGAP	0.020*** (3.92)	0.020*** (3.85)	0.020*** (3.82)	1.127*** (10.96)
LAW	-0.320*** (-9.02)			
COMP_LAW		-0.027*** (-9.39)		
INGAP_LAW			-0.275*** (-8.31)	
OUTGAP_LAW				-0.343*** (-10.76)
常数项	0.261 (1.60)	-0.779*** (-6.88)	-0.796*** (-7.02)	-0.755*** (-6.66)
控制变量	控制	控制	控制	控制
年度效应	控制	控制	控制	控制

Panel B：高管长期择时能力

项　目	模型（5）CAR120	模型（6）CAR120	模型（7）CAR120	模型（8）CAR120
行业效应	控制	控制	控制	控制
N	18 037	18 037	18 037	18 037
R_sq	0.044	0.044	0.043	0.046

注："＊""＊＊""＊＊＊"分别表示在10%、5%、1%的水平上显著。

表7-5是法律环境在薪酬契约对高管个人获利能力影响中的调节作用的回归检验。其中，模型（1）至模型（4）是对高管短期获利能力调节作用的回归检验，模型（5）至模型（8）是对高管长期获利能力调节作用的回归检验。

在模型（1）和模型（5）的回归结果中，法律环境与高管短期和长期获利能力的回归系数显著负相关，表明法律环境的改善能够有效地遏制高管短期和长期的获利能力。法律法规的实施能够增加高管交易面临的法律风险和诉讼风险，因而高管在实施交易行为时可能会降低私有信息的使用量、减少交易的规模以规避诉讼风险，从而导致高管交易的获利能力减弱。因此，法律环境的改善对高管短期和长期的获利能力有显著的遏制作用。

在模型（2）和模型（6）的回归结果中，法律环境与高管个人薪酬水平的交乘项系数显著为负，表明法律环境的改善能够迫使高薪高管减少交易中使用的私有信息含量、缩小交易规模以规避法律风险。在公司的经营中，高薪高管能够接触到更多的公司内部信息，相对于外部投资者有巨大的信息优势，而且对行业和企业未来的发展有着更加准确的判断，再加上高管的理性人假设和其交易的逐利性，高薪高管在交易股票时会使用更多的内部信息，扩大交易规模，因而其获利能力更强。法律环境的改善对薪酬与高管获利能力间的关系有负向的调节作用，表明法律环境的实施对高薪高管的交易获利能力有更强的遏制作用，即高薪酬的高管虽然拥有更大的信息优势，但是由于法律环境改善导致的诉讼风险加剧，其更倾向于减少内部信息的使用，缩小交易规模，从而导致高薪高管的获利能力受到更多的制约。

在模型（3）和模型（7）的回归结果中，法律环境和高管个人内部薪酬差距的交乘项系数显著为负，表明法律环境的完善能够减少团队内部高薪高管交易的获利能力，减少高薪高管短期和长期利用公司私有信息谋利的行为。模型中的内部薪酬差距与短期和长期获利能力正相关，表明团队内高薪酬的高管掌握更多的公司内部私有信息，择时能力更强，会增加交易规模以获得更多的收益，而低薪高管处于团队中的信息劣势，掌握的私有信息较少，交易获利能力较差。因此，法律环境的改善能够增加高管交易面临的风险，减少内部薪酬差距对于高管获利能力的促进作用，从而减少高管的交易规模和交易获利。

在模型（4）和模型（8）的回归结果中，法律环境与高管个人外部薪酬差距的交乘项系数在短期内不显著，但在长期内显著为负，表明法律环境的改善对于外部薪酬差距对高管的激励在短期内没有作用，而长期来看可以减少行业内高薪高管在交易中使用的公司内部信息含量，降低行业内高薪高管交易的获利能力。

综合来看，模型（1）至模型（8）的回归结果表明，法律环境的改善对于高管短期和长期的获利能力有很强的遏制作用，能够增强薪酬契约对高管的激励效果。法律环境的改善能够增加高管利用私有信息的交易成本，增加高管交易行为面临的法律风险和诉讼风险，提高高管交易行为披露的及时性和准确性，使高管所处的公司环境和社会环境更加透明，因而高管会在交易中减少使用公司的内部信息；同时，高管会减少自身的交易数量，以降低由于法律监管变严增加的诉讼风险，从而导致高管交易的获利能力受到遏制。此时，高管会更倾向通过增加企业价值获得薪酬水平的提升，使得薪酬契约对高管的激励更加有效。

表 7-5　法律环境在薪酬契约对高管个人获利能力影响中的调节作用的回归检验

Panel A：高管短期获利能力

项　目	模型（1）SVALUE	模型（2）SVALUE	模型（3）SVALUE	模型（4）SVALUE
COMP	1.175*** (7.72)	2.250*** (8.50)	1.176*** (7.73)	1.123*** (7.33)
INGAP	-1.094*** (-5.57)	-1.090*** (-5.55)	10.720*** (4.41)	-1.063*** (-5.41)
OUTGAP	-0.012 (-0.11)	-0.014 (-0.14)	-0.022 (-0.21)	0.593 (0.27)
LAW	-4.184*** (-5.26)			
COMP_LAW		-0.330*** (-5.22)		
INGAP_LAW			-3.616*** (-4.87)	
OUTGAP_LAW				-0.181 (-0.27)
控制变量	控制	控制	控制	控制
年度效应	控制	控制	控制	控制
行业效应	控制	控制	控制	控制
N	25 229	25 229	25 229	25 229
R_sq	0.031	0.031	0.031	0.030

Panel B：高管长期获利能力

项　目	模型（5）LVALUE	模型（6）LVALUE	模型（7）LVALUE	模型（8）LVALUE
COMP	0.425** (2.14)	3.297*** (9.67)	0.426** (2.14)	0.548*** (2.75)
INGAP	-0.095 (-0.39)	-0.082 (-0.33)	30.530*** (9.60)	0.132 (0.53)
OUTGAP	-0.270* (-1.79)	-0.282* (-1.87)	-0.288* (-1.91)	30.407*** (10.10)

续表

Panel B：高管长期获利能力

项　目	模型（5）LVALUE	模型（6）LVALUE	模型（7）LVALUE	模型（8）LVALUE
LAW	− 10. 716 * * *（− 10. 33）			
COMP_LAW		− 0. 878 * * *（− 10. 63）		
INGAP_LAW			− 9. 356 * * *（− 9. 65）	
OUTGAP_LAW				− 9. 489 * * *（− 10. 19）
控制变量	控制	控制	控制	控制
年度效应	控制	控制	控制	控制
行业效应	控制	控制	控制	控制
N	18 037	18 037	18 037	18 037
R_sq	0. 062	0. 063	0. 062	0. 062

注："＊"、"＊＊＊"、"＊＊＊＊"分别表示在10%、5%、1%的水平上显著。

　　表7－6是法律环境在薪酬契约对高管团队交易规模影响中的调节作用的回归检验。从模型（1）至模型（4）的检验结果可以看出，法律环境自身、法律环境和薪酬水平的交乘项、法律环境和高管团队内部薪酬差距的交乘项、法律环境和高管团队外部薪酬差距的交乘项的回归结果均不显著，表明法律环境的改善对于高管团队交易规模的影响并不显著。结合表7－4和表7－5的结果可以说明，高管交易能够获得超额收益的原因主要在于高管对于交易时机的把握，法律环境变严时，高管会减少利用公司内部私有信息的交易行为，但是不会减少出于流动性需求的交易行为。总体而言，法律环境的改变对于公司内高管团队整体交易数量的影响并不显著。

表7－6　法律环境在薪酬契约对高管团队交易规模影响中的调节作用的回归检验

项　目	模型（1）TRADE	模型（2）TRADE	模型（3）TRADE	模型（4）TRADE
COMP	0.691＊＊＊ （2.82）	0.888＊＊ （2.42）	0.658＊＊＊ （2.70）	0.717＊＊＊ （2.93）
INGAP	0.176＊＊ （2.26）	0.177＊＊ （2.26）	－0.093 （－0.06）	0.180＊＊ （2.31）
OUTGAP	－0.214 （－1.29）	－0.215 （－1.30）	－0.204 （－1.23）	2.433 （1.45）
LAW	－0.676 （－0.73）			
COMP_LAW		－0.060 （－0.82）		
INGAP_LAW			0.082 （0.17）	
OUTGAP_LAW				－0.819 （－1.58）
TMSHARE	0.325＊＊＊ （9.02）	0.325＊＊＊ （9.02）	0.322＊＊＊ （8.96）	0.327＊＊＊ （9.09）
FIRST3	－2.344＊＊＊ （－3.94）	－2.343＊＊＊ （－3.94）	－2.367＊＊＊ （－3.98）	－2.373＊＊＊ （－4.00）
DUAL	－0.841＊＊＊ （－4.74）	－0.842＊＊＊ （－4.74）	－0.840＊＊＊ （－4.73）	－0.850＊＊＊ （－4.79）
INDEP	1.082 （0.70）	1.076 （0.69）	1.126 （0.72）	1.009 （0.65）
SEPERATION	－0.004 （－0.35）	－0.004 （－0.34）	－0.005 （－0.39）	－0.003 （－0.27）
INSTITUTION	1.567＊＊＊ （3.07）	1.566＊＊＊ （3.07）	1.575＊＊＊ （3.08）	1.582＊＊＊ （3.10）
ROA	－8.028＊＊＊ （－4.66）	－8.024＊＊＊ （－4.66）	－8.044＊＊＊ （－4.67）	－8.005＊＊＊ （－4.65）
SIZE	－0.056 （－0.45）	－0.057 （－0.46）	－0.047 （－0.38）	－0.064 （－0.52）
LEV	－0.807 （－1.46）	－0.807 （－1.46）	－0.812 （－1.47）	－0.815 （－1.48）
MTB	0.211＊＊＊ （5.53）	0.211＊＊＊ （5.53）	0.212＊＊＊ （5.56）	0.212＊＊＊ （5.56）
常数项	－6.713 （－1.49）	－8.930＊＊ （－2.49）	－8.658＊＊ （－2.41）	－9.043＊＊ （－2.52）

续表

项　目	模型（1） TRADE	模型（2） TRADE	模型（3） TRADE	模型（4） TRADE
N	3 672	3 672	3 672	3 672
R_sq	0.043	0.043	0.043	0.044

注："*""**""***"分别表示在10%、5%、1%的水平上显著。

（二）公司内控水平对薪酬契约激励效果的调节作用

表7-7是公司内控水平在薪酬契约对高管个人择时能力影响中的调节作用的回归检验。其中，模型（1）至模型（4）检验公司内控水平对高管短期择时能力调节作用的回归检验，模型（5）至模型（8）检验公司内控水平对高管长期择时能力调节作用的回归检验。随着公司内控水平的提升，公司的章程规范更加具体，对高管经营业绩的奖惩更加有章可循，公司在经营环节的流程更加规范，高管能够通过自身努力提高个人声誉，在为公司做出贡献的同时能够得到职位的晋升。此时，高管会把精力放在公司经营而不是利用私有信息谋利上。同时，内控水平的提升能够完善公司的信息披露流程，减少高管掌握的私有信息含量，削弱高管交易的择时能力。因此，预期内控水平的提升会减少高管交易行为中的私有信息含量，遏制高管交易的择时能力，从而增加薪酬契约对高管的激励作用。

在模型（1）中，公司内控水平和高管短期择时能力正相关，表明内控水平越好的公司高管短期的择时能力更强，公司内控水平的提升并不能对高管短期的择时能力起到遏制作用。在内控水平高的上市公司中，其运营的信息披露及时，规章制度完善，投资者对公司未来的运营发展容易形成一致性预期，而行业和公司内短时效的突发事件可能会严重影响投资者的预期，导致股票真实价值与投资者预期之间的差值快速扩大。高管作为公司内信息的第一接触者，能够快速判断短时效信息对公司运营管理的影响,并利用短时效的信息提前交易,因而能够获得更多的收益。在内控水平差的公司中,外部投资者由于掌握的信息有限,无法对股票价格进行有效判断,当短时效的信息冲击股价时,其对投资者预期的影响较小。因此,短时效的信息在内控水平高的公司中更有信息含量,内控水平高的公司中的高管可以通过短时效的信息获得更多收益,其短期择时能力更强。

在模型(2)中,公司内控水平和高管薪酬交乘项的系数显著为正,表明内控水平的提升能够增加高薪高管短期交易的择时能力。高薪高管具备更丰富的行业知识储备,对公司未来的发展战略规划更加清晰,相比于低薪高管掌握更多的公司内部信息,因此当内控水平高的公司内发生突发事件时,高薪高管更能把握住股票真实价值变动与投资者一致预期之间的差值,利用外部投资者认知的价值差获利。

在模型(3)中,公司内控水平和高管个人内部薪酬差距的交乘项显著为正,表明内控水平的提高能够减少内部薪酬差距对于高管交易行为的遏制作用,这说明在内控水平较高的公司中,短时效的突发信息能够引起股票价格更加剧烈的波动。此时,团队内高薪高管利用公司内部信息的交易行为能够带来更多的超额收益,高额薪酬带来的满足感无法抵御交易收益的诱惑;团队内薪酬水平高的高管会增加交易行为中私有信息的使用量,表现为短期择时能力的增强。

在模型(4)中,公司内控水平和高管个人外部薪酬差距的交乘项显著为正,表明内控水平的提升能够增加行业内高薪高管交易的择时能力,行业内的高薪高管掌握更多行业发展的规划信息,对短时效的突发信息的把控能力更强,能够利用投资者的一致性预期偏差获得更多的收益。

模型(1)至模型(4)的实证结果表明,公司内控水平的提高无法遏制高管短期的择时能力。相反,内控水平高的公司中短时效的内部消息可能导致投资者的一致性预期与股价真实价值之间差值变大，而高薪高管掌握公司内部更多的私有信息，能利用外部投资者一致性预期与股票真实价值之间的偏差获利，表现为在内控水平高的公司中高薪高管的短期择时能力更强。因此，公司内控水平高的公司的股东应更加关注高管短期的交易行为，防止高管利用短时效的私有信息交易获利而导致公司声誉的损失。

在模型（5）中，公司内控水平和高管长期择时能力负相关，表明内控水平越高的公司高管长期的择时能力越弱。实证结果说明，公司内控水平的长期提升能够规范公司的运营流程，增加公司信息披露的及时性，减少公司内外部的信息不对称，压缩高管交易的私有信息空间，从而导致高管长期的择时能力减弱。同时，值得关注的是，模型中的实证结果表明公司内控水平的提升对公司产生的积极作用是一个长期过程，长期来看可以提高公司的运营效率，遏制高管交易的择时能力，但是对高管短期的择时能力无法起到遏制作用。

在模型（6）中，公司内控水平和高管薪酬交乘项的系数显著为负，表明内控水平的提升能够增加薪酬对高管的激励作用，减少高管在长期交易行为中对私有信息的运用。薪酬水平的提高能够增加高管的薪酬满意度，减少高管的交易动机，而内控水平高的公司中股东对高管行为的管理更加规范细致，内控水平的提升从长期来看能够规范公司运营流程，减少高管操纵信息的空间，从而使高管将更多的精力放到公司的经营上，此时高管倾向于减少交易行为维护自身声誉，导致内控水平高的公司中的高薪高管在长期交易行为中减少私有信息含量，使得高管长期交易的择时能力下降。

在模型（7）中，公司内控水平和高管个人内部薪酬差距的交乘项显著为负，表明内控水平的提高能够遏制团队内高薪高管长期的交易择时能力，增加薪酬契约对高管的激励效果。长期来看，内控水平高的公司中团队中高薪高管掌握的信息优势降低，长期的交易择时能力减弱，高管交易获取的收益降低，此时高管会更注重通过增加公司价值获得更多的薪酬，从而能够增加薪酬契约对高管的激励作用。

在模型（8）中，公司内控水平和高管个人外部薪酬差距的交乘项显著为负，表明内控水平的提高能够遏制行业内高薪高管长期的交易择时能力，增加薪酬契约对高管的激励效果。这说明内控水平的提高能够降低行业内高薪高管的信息优势，降低高管掌握的私有信息含量，从而减少高管的交易收益，增加薪酬契约对高管的激励效果。

模型（5）至模型（8）的回归结果表明，内控水平的提高有助于减弱高管的长期择时能力，增加薪酬契约对高管的激励效果。随着公司内控水平的提升，公司管理流程日趋规范，高管交易成本上升，长期来看高管会减少交易行为中的私有信息含量，导致高管交易长期的择时能力下降。而短时效的突发信息能够引起高内控水平公司的真实价值和投资者一致性预期的差值增加，从而增加高管的获利空间，导致高管短期交易的择时能力增强。

表7-7　公司内控水平在薪酬契约对高管个人择时能力影响中的调节作用的回归检验

Panel A：短期择时能力

项　目	模型（1） CAR20	模型（2） CAR20	模型（3） CAR20	模型（4） CAR20
COMP	0.005*** (2.80)	0.000 (0.14)	0.006*** (3.10)	0.007*** (3.64)
INGAP	-0.013*** (-5.21)	-0.013*** (-5.18)	-0.060*** (-6.09)	-0.012*** (-4.84)
OUTGAP	0.006*** (4.85)	0.006*** (4.73)	0.005*** (4.33)	-0.022*** (-3.28)
DIBO	0.092*** (6.04)			
COMP_DIBO		0.007*** (6.11)		

Panel A：短期择时能力

项 目	模型（1） CAR20	模型（2） CAR20	模型（3） CAR20	模型（4） CAR20
INGAP_DIBO			0.069*** (4.97)	
OUTGAP_DIBO				0.036*** (4.22)
常数项	−0.046 (−1.54)	0.018 (0.58)	−0.008 (−0.25)	−0.038 (−1.26)
控制变量	控制	控制	控制	控制
年度效应	控制	控制	控制	控制
行业效应	控制	控制	控制	控制
N	21 421	21 421	21 421	21 421
R_sq	0.044	0.044	0.043	0.043

Panel B：长期择时能力

项 目	模型（5） CAR120	模型（6） CAR120	模型（7） CAR120	模型（8） CAR120
COMP	−0.006 (−0.80)	0.037*** (4.57)	−0.008 (−1.11)	−0.019*** (−2.60)
INGAP	−0.024*** (−2.63)	−0.024*** (−2.64)	0.433*** (10.63)	−0.033*** (−3.64)
OUTGAP	0.026*** (4.73)	0.027*** (4.85)	0.030*** (5.45)	0.397*** (14.70)
DIBO	−0.781*** (−12.49)			
COMP_DIBO		−0.063*** (−12.91)		
INGAP_DIBO			−0.663*** (−11.65)	
OUTGAP_DIBO				−0.502*** (−13.77)
常数项	−1.307*** (−10.58)	−1.872*** (−13.84)	−1.703*** (−12.89)	−1.503*** (−11.98)
控制变量	控制	控制	控制	控制
年度效应	控制	控制	控制	控制
行业效应	控制	控制	控制	控制

Panel B: 长期择时能力

项 目	模型（5） CAR120	模型（6） CAR120	模型（7） CAR120	模型（8） CAR120
N	15 118	15 118	15 118	15 118
R_sq	0.058	0.058	0.057	0.060

注："*""**""***"分别表示在10%、5%、1%的水平上显著。

表7-8是公司内控水平在薪酬契约对高管个人获利能力影响中的调节作用的回归检验。其中，模型（1）至模型（4）是公司内控水平对高管短期获利能力调节作用的回归检验，模型（5）至模型（8）是公司内控水平对高管长期获利能力调节作用的回归检验。

在模型（1）中，公司内控水平和高管短期获利能力正相关，表明内控水平越高的公司高管短期的获利能力越强，公司内控水平的提升并不能对高管短期的获利能力起到遏制作用。实证结果表明，行业内部和公司内部短时效的突发事件可能会严重影响投资者的预期，其作用效果在内控水平高的公司中更加显著。高管作为公司信息的第一接触者，对于短时效信息对股价的影响有更加深刻的理解，能够把握短时期内股票真实价值与投资者预期之间快速扩大的差值，从而能够利用公司内部信息扩大交易规模以获得更多的收益。在内控水平差的公司中，短时效的信息难以对投资者产生一致性预期偏差，高管交易获利空间较小，因此高管的获利能力增加并不显著。短时效信息发生时，内控水平高的公司中的获利空间对高管产生更大的吸引力，使高管更愿意利用内部信息交易以获得超额收益，导致薪酬契约对高管的激励作用减弱。

在模型（2）中，公司内控水平和高管薪酬交乘项的系数显著为正，表明内控水平的提升能够增加高薪高管短期交易的获利能力。高薪高管在面对公司内突发事件时，更能把握住股票真实价值变动与投资者一致性预期之间的差值，并利用外部投资者认知的价值差获利。相比于低薪高管，高薪高管掌握更多的公司内部信息，利用短时效信息获利的能力更强。

在模型（3）中，公司内控水平和高管个人内部薪酬差距的交乘项显著为正，表明内控水平的提升能够减少内部薪酬差距对于高管交易行为的遏制作用，这说明在内控水平较高的公司中，短时效的突发信息能够引起股票价格更加剧烈的波动。此时，团队内的高薪高管利用公司内部信息的交易行为能够带来更多的超额收益，高薪带来的薪酬满足感无法抵御交易带来的收益，团队内的高薪高管会增加交易行为中私有信息的使用量，表现为短期获利能力的增强。

在模型（4）中，公司内控水平和高管个人外部薪酬差距的交乘项显著为负，表明内控水平的提升能够减弱行业内高薪对高管的激励作用。行业内的高薪高管掌握更多行业发展规划的信息，对短时效的突发信息的把控能力更强，能够利用投资者的一致性预期偏差获得更多的收益。此时，行业内高管的高额薪酬低于交易行为所能获取的巨额收益，高管更倾向于把握短时效的私有信息交易获利，从而导致薪酬契约对高管的激励作用减弱。

模型（1）至模型（4）的实证结果表明，内控水平高的公司中短时效的内部消息可能导致投资者的一致性预期与股价真实价值之间差值迅速扩大，而高薪高管掌握公司内部更多的私有信息，能利用外部投资者一致性预期与真实价值之间的偏差获利，表现为内控水平高的公司中高管的短期获利能力更强，同时内控水平高的公司中的巨额获利空间能够诱发更多的高管交易，使得高额薪酬给予高管的满足感下降，导致高管更倾向于利用短时效的私有信息交易，使得薪酬契约对高管的激励作用减弱，高管交易行为加剧，导致公司的声誉损失。

在模型（5）中，公司内控水平和高管长期获利能力负相关，表明内控水平越高的公司中高管长期的获利能力越弱。长期来看，公司内控水平的提升能够规范公司运营，加强公司信息披露，压缩高管获利空间，削弱高管的交易获利能力。

在模型（6）中，公司内控水平和高管薪酬交乘项的系数显著为负，表明内控水平的提升能够增加薪酬水平对高管的激励作用，减少高管在长期交易行为中信息含量的使用。内控水平高的公司中股东对高管行为的管理更加规范细致，能够有效减少高管操纵信息的空间，约束高管的交易行为，从而使高管将更多的精力放到公司的经营上，增强薪酬契约对高管的激励作用。

在模型（7）中，公司内控水平和高管个人内部薪酬差距的交乘项显著为负，表明内控水平的提高能够遏制团队内高薪高管长期的交易获利能力，增强薪酬契约对高管的激励效果。长期来看，内控水平的提升能够使团队中高薪高管掌握的信息优势降低，长期的交易获利能力减弱，获取的收益降低。此时，高管会更注重通过增加公司价值获得更多的薪酬，从而增强薪酬契约对高管的激励作用。

在模型（8）中，公司内控水平和高管个人外部薪酬差距的交乘项显著为负，表明内控水平的提升能够遏制行业内高薪高管长期的交易获利能力，增强薪酬契约对高管的激励效果。

模型（5）至模型（8）的回归结果表明，内控水平的提升有助于减弱高管的长期获利能力，增强薪酬契约对高管的长期激励作用。公司内控水平的提升能够规范公司管理流程，使高管面临更多公司制度的处罚，增加高管的交易成本。持续提升的内控水平能够减少高管交易行为中的私有信息含量，导致高管交易长期的获利能力下降，使得高管更倾向于通过提高经营公司的努力程度、提升公司价值来获得职位的晋升和薪酬的增加，从而导致薪酬契约对高管的激励作用增强。

表7-8　公司内控水平在薪酬契约对高管个人获利能力影响中
的调节作用的回归检验

Panel A：高管短时获利能力

项　目	模型（1）SVALUE	模型（2）SVALUE	模型（3）SVALUE	模型（4）SVALUE
COMP	1.163*** (7.16)	0.437** (2.44)	1.249*** (7.69)	1.307*** (7.92)
INGAP	-1.355*** (-6.42)	-1.344*** (-6.37)	-9.077*** (-10.51)	-1.292*** (-6.09)
OUTGAP	0.207* (1.92)	0.183* (1.70)	0.108 (0.99)	-1.762*** (-3.04)
DIBO	13.968*** (10.45)			
COMP_DIBO		1.075*** (10.34)		
INGAP_DIBO			11.210*** (9.23)	
OUTGAP_DIBO				2.553*** (3.38)
常数项	-3.141 (-1.21)	6.338** (2.27)	3.092 (1.14)	-3.107 (-1.18)
控制变量	控制	控制	控制	控制
年度效应	控制	控制	控制	控制
行业效应	控制	控制	控制	控制
N	21 421	21 421	21 421	21 421
R_sq	0.042	0.042	0.041	0.038

Panel B：高管长期获利能力

项　目	模型（5）LVALUE	模型（6）LVALUE	模型（7）LVALUE	模型（8）LVALUE
COMP	-0.307 (-1.43)	0.065 (0.27)	-0.327 (-1.52)	-0.412* (-1.91)
INGAP	0.325 (1.21)	0.324 (1.20)	4.232*** (3.53)	0.249 (0.92)
OUTGAP	-0.039 (-0.24)	-0.032 (-0.20)	-0.004 (-0.02)	2.827*** (3.55)
DIBO	-6.888*** (-3.74)			

续表

Panel B：高管长期获利能力

项　目	模型（5） LVALUE	模型（6） LVALUE	模型（7） LVALUE	模型（8） LVALUE
COMP_DIBO		−0.545＊＊＊ （−3.80）		
INGAP_DIBO			−5.670＊＊＊ （−3.39）	
OUTGAP_DIBO				−3.871＊＊＊ （−3.60）
常数项	−42.897＊＊＊ （−11.79）	−47.778＊＊＊ （−11.99）	−46.245＊＊＊ （−11.89）	−44.223＊＊＊ （−11.95）
控制变量	控制	控制	控制	控制
年度效应	控制	控制	控制	控制
行业效应	控制	控制	控制	控制
N	15 118	15 118	15 118	15 118
R_sq	0.064	0.064	0.064	0.064

注："＊""＊＊""＊＊＊"分别表示在10%、5%、1%的水平上显著。

　　表7－9是公司内控水平在薪酬契约对高管团队交易规模影响中的调节作用的回归检验。从模型（1）至模型（4）的检验结果可以看出，公司内控水平自身、公司内控水平和薪酬水平的交乘项、公司内控水平和高管团队内部薪酬差距的交乘项、公司内控水平和高管团队外部薪酬差距的交乘项的回归结果均不显著，表明公司内控水平的改善对于高管团队交易规模的影响并不显著。

表7－9　公司内控水平在薪酬契约对高管团队交易规模影响
中的调节作用的回归检验

项　目	模型（1） TRADE	模型（2） TRADE	模型（3） TRADE	模型（4） TRADE
COMP	0.019 （0.06）	−0.016 （−0.05）	0.020 （0.06）	−0.005 （−0.02）
INGAP	0.425＊＊＊ （3.82）	0.425＊＊＊ （3.82）	0.130 （0.28）	0.423＊＊＊ （3.80）

续表

项　目	模型（1） TRADE	模型（2） TRADE	模型（3） TRADE	模型（4） TRADE
OUTGAP	−0.009 （−0.04）	−0.010 （−0.05）	−0.010 （−0.05）	0.286 （0.50）
DIBO	0.799 （0.60）			
COMP_DIBO		0.052 （0.50）		
INGAP_DIBO			0.419 （0.66）	
OUTGAP_DIBO				−0.390 （−0.55）
TMSHARE	0.337*** （8.05）	0.338*** （8.06）	0.337*** （8.06）	0.340*** （8.13）
FIRST3	−0.815 （−1.09）	−0.814 （−1.09）	−0.815 （−1.09）	−0.812 （−1.09）
DUAL	−0.817*** （−3.50）	−0.818*** （−3.50）	−0.816*** （−3.50）	−0.823*** （−3.53）
INDEP	0.359 （0.18）	0.364 （0.18）	0.371 （0.19）	0.405 （0.20）
SEPERATION	−0.014 （−0.92）	−0.014 （−0.92）	−0.014 （−0.92）	−0.013 （−0.87）
INSTITUTION	1.622** （2.45）	1.624** （2.45）	1.621** （2.45）	1.643** （2.48）
ROA	1.925 （0.78）	1.966 （0.80）	2.003 （0.82）	2.334 （0.95）
SIZE	−0.334** （−2.04）	−0.331** （−2.03）	−0.330** （−2.04）	−0.300* （−1.85）
LEV	−0.650 （−0.90）	−0.658 （−0.91）	−0.659 （−0.92）	−0.708 （−0.99）
MTB	0.144*** （2.93）	0.143*** （2.93）	0.143*** （2.93）	0.140*** （2.87）
常数项	3.782 （0.82）	4.243 （0.91）	4.242 （0.92）	3.830 （0.83）
N	2 491	2 491	2 491	2 491
R_sq	0.055	0.055	0.055	0.055

注："*""**""***"分别表示在10%、5%、1%的水平上显著。

（三）区域市场化程度对薪酬契约激励效果的调节作用

表 7-10 是区域市场化程度在薪酬契约对高管个人择时能力影响中的调节作用的回归检验。其中，模型（1）至模型（4）区域市场化程度加深对高管短期择时能力调节作用的回归检验，模型（5）至模型（8）是区域市场化程度加深对高管长期择时能力调节作用的回归检验。一方面，区域市场化程度的加深能够使区域金融环境得到快速的改善，使不同公司间的高管流动机制更加健全，有利于高管通过跳槽寻找到与自己能力相匹配的工作，从而减少高管的交易获利动机。同时，随着市场化程度的加深，公司内外部和不同公司间的信息流动加快，信息环境更加透明，使得公司内部留存的私有信息减少，进而能够遏制高管利用私有信息的交易行为，降低高管的择时能力。另一方面，区域市场化程度的加深导致高管获得公司内外部信息的渠道增多，短时效的信息能够更快传到高管的手中，从而可能在短期内增强公司内外部信息不对称的程度，导致短期内高管相比于外部投资者拥有更大的信息优势，增强高管短期的交易获利能力。

在模型（1）中，区域市场化程度和高管短期择时能力正相关，表明区域市场化程度越高，高管短期的择时能力越强。实证结果说明，区域市场化程度的提升能够增加行业间和公司间的信息流动效率，拓宽高管的信息渠道来源，因此高管能够快速获取短时效的突发信息并利用多年经营公司的经验判断信息对股价的影响，从而在短期内形成对外部投资者的信息优势，增强高管短期的择时能力。

在模型（2）中，区域市场化程度和高管薪酬交乘项的系数显著为正，表明区域市场化程度的提升能够提升高薪高管短期的择时能力，降低薪酬契约对高管的激励作用。高薪高管拥有更加丰富的专业知识和专业技能的储备，在公司日常的经营活动中能够接触到更多的内部信息，因此对于短时效信息的理解更加深刻，把握信息的能力更强，而区域市场化程度的加深能够拓宽高薪高管的信息来源渠道，从而导致高薪高管的短期交易择时能力更强。

在模型（3）中，区域市场化程度和高管个人内部薪酬差距的交乘项显著为正，表明区域市场化程度的提升能够减少内部薪酬差距对于高管交易行为的遏制作用。公司给予高管高额的薪酬回报能够增加高管的薪酬满足感，使高薪高管在团队内处于收益优势，从而减少高管利用私有信息的交易动机。区域市场化程度的发展使得高管能够快速接触到更多短时效的私有信息，高薪高管掌握了更多公司经营的内部信息，短时效信息的快速获得增大了高管的获利空间，使得薪酬优势对高管的吸引力降低，高管更倾向于利用短时效的信息交易获得超额收益，导致短期内薪酬契约对高管的激励作用降低。

在模型（4）中，区域市场化程度和高管个人外部薪酬差距的交乘项显著为正，表明区域市场化程度的提升会减弱外部薪酬差距对高管交易行为的激励作用，即区域市场化程度的快速发展能够使高管更快地获得更多的短时效信息，增大了高管交易的获利空间，而行业内的高薪高管对于行业和公司未来的发展趋势判断更加准确，因此其短期的交易获利能力随着区域市场化程度的加深而快速提高。

模型（1）至模型（4）的实证结果表明，区域市场化程度的提高能够使高管快速获得短时效的私有信息，拓宽高管的信息来源渠道，增加了高管相对于外部投资者短期的信息优势。高薪高管由于能够接触到更多的内部信息，把握短时效信息交易的能力更强，而短时效信息能够在短期内扩大高管的获利空间，提升高管的交易收益，使得薪酬对高管的吸引力减弱，导致高管更愿意利用私有信息交易，高管短期的择时能力得到增强，薪酬契约对高管的激励作用减弱。

在模型（5）中，区域市场化程度和高管长期的择时能力负相关，表明区域市场化程度越高的公司中高管长期的择时能力越弱。实证结果表明，长期来看，区域市场化程度的加深能够加快区域内的信息流动效率，减少公司内外部的信息不对称，压缩高管的交易获利空间。区域市场化的发展能够促使规范高管交易的法律法规尽快出台，完善区域内经理人市场的建立，增加高管的交易损失，使得高管在长期更加注重自己声誉的积累，导致高管利用私有信息的交易的程度下降，高管交易的择时能力有所减弱。

在模型（6）中，区域市场化程度和高管薪酬交乘项的系数显著为负，表明区域市场化程度的发展能够减少高管的信息优势，削弱高管的交易动机，使高管在交易过程中面临更大的风险。由于高薪高管掌握更多公司发展的内部信息，因此法律法规的规范及公司外部治理机制的监督对高薪高管的择时能力有更大的限制作用，导致高薪高管长期的择时能力减弱，进而使得高薪高管更关注企业业绩的提升，从而增强了薪酬契约对高管的激励作用。

在模型（7）中，区域市场化程度和高管个人内部薪酬差距的交乘项显著为负，表明区域市场化程度的提升能够增加内部薪酬差距对高薪高管的激励作用。区域市场化程度的加深使得约束高管交易的机制更加健全，高管更关注于通过增加努力程度提升企业价值，以获得职位晋升和薪酬的增加。此时，薪酬契约对高管的激励作用增强，高薪高管处在公司薪酬金字塔的顶端，处在"赢项"，高管的薪酬满意度高，因此其交易动机降低，会减少交易中使用的私有信息含量，导致高管交易的长期择时能力下降。

在模型（8）中，区域市场化程度和高管个人外部薪酬差距的交乘项显著为负，表明区域市场化程度的提高能够减少行业内高薪高管的长期择时能力，行业内的高薪高管对行业未来的发展趋势判断更加准确，在交易中能够获得更强的择时能力，而区域市场化程度的加深导致高管交易行为的成本增加，使得行业内高薪高管在交易时减少使用的内部信息含量，导致高管交易的长期择时能力下降。

模型（5）至模型（8）的回归结果表明，区域市场化程度的提升有助于减弱高薪高管的长期择时能力，使高管更加关注通过企业价值提升带来的薪酬增加，增强了薪酬契约对高管的激励效应。随着区域市场化程度的提升，公司的经营环境更加规范，公司内外部的信息流通性增强，公司经营的透明度提升，导致高管掌握的私有信息空间减少，对高薪高管掌握的私有空间压缩效应更加明显，因此长期来看，区域市场化程度的发展能够减少高管，尤其是高薪高管的交易择时能力，增加薪酬契约对高管的激励作用。

表 7 – 10　区域市场化程度在薪酬契约对高管个人择时能力
影响中的调节作用的回归检验

Panel A：短期择时能力

项　目	模型（1）CAR20	模型（2）CAR20	模型（3）CAR20	模型（4）CAR20
COMP	0.009 * * * (5.29)	0.007 * * * (3.65)	0.009 * * * (5.39)	0.010 * * * (5.95)
INGAP	− 0.014 * * * (− 5.98)	− 0.014 * * * (− 5.97)	− 0.036 * * * (− 4.08)	− 0.013 * * * (− 5.54)
OUTGAP	0.004 * * * (3.28)	0.004 * * * (3.24)	0.004 * * * (3.18)	− 0.067 * * * (− 8.66)
MI	0.002 * * * (2.88)			
COMP_MI		0.000 * * * (3.16)		
INGAP_MI			0.002 * * * (2.58)	

Panel A：短期择时能力

项　目	模型（1）CAR20	模型（2）CAR20	模型（3）CAR20	模型（4）CAR20
OUTGAP_MI				0.006*** （9.29）
常数项	−0.093*** （−3.20）	−0.067** （−2.38）	−0.069** （−2.47）	−0.083*** （−2.95）
控制变量	控制	控制	控制	控制
年度效应	控制	控制	控制	控制
行业效应	控制	控制	控制	控制
N	25 229	25 229	25 229	25 229
R_sq	0.037	0.037	0.037	0.040

Panel B：长期择时能力

项　目	模型（5）CAR120	模型（6）CAR120	模型（7）CAR120	模型（8）CAR120
COMP	0.010 （1.54）	0.025*** （3.32）	0.010 （1.40）	0.008 （1.22）
INGAP	−0.034*** （−4.02）	−0.034*** （−4.01）	0.132*** （3.89）	−0.033*** （−3.88）
OUTGAP	0.022*** （4.27）	0.022*** （4.31）	0.023*** （4.42）	0.084*** （2.67）
MI	−0.017*** （−5.27）			
COMP_MI		−0.001*** （−5.17）		
INGAP_MI			−0.015*** （−4.99）	
OUTGAP_MI				−0.005** （−2.01）
常数项	−0.648*** （−5.54）	−0.834*** （−7.33）	−0.820*** （−7.22）	−0.802*** （−7.06）
控制变量	控制	控制	控制	控制
年度效应	控制	控制	控制	控制
行业效应	控制	控制	控制	控制
N	18 037	18 037	18 037	18 037
R_sq	0.041	0.041	0.041	0.040

注："*""**""***"分别表示在10%、5%、1%的水平上显著。

　　表7-11是区域市场化程度在薪酬契约对高管个人获利能力影响中的调节作用的回归检验。其中，模型（1）至模型（4）是区域市场化程度对高管短期获利能力调节作用的回归检验，模型（5）至模型（8）是区域市场化程度对高管长期获利能力调节的作用回归检验。

　　在模型（1）中，区域市场化程度和高管短期获利能力正相关，表明区域市场化程度越高，高管短期的获利能力越强，这说明市场化程度的发展能够使高管快速获取短时效的突发信息，拓宽高管的信息渠道来源，使得高管在短期内具有巨大的信息优势，从而增强了高管短期的获利能力。

　　在模型（2）中，区域市场化程度和高管薪酬交乘项的系数显著为正，表明区域市场化程度的提升能够增强高薪高管短期的获利能力，降低薪酬契约对高管的激励作用。高薪高管在公司日常的经营活动中能够接触到更多的内部信息，拥有更加丰富的专业知识和专业技能的储备，因此对于短时效信息的理解更加深刻，把握信息的能力更强，区域市场化程度的加深能够让高薪高管更快地获得行业内的重大信息，增强高管的短期交易获利能力。

　　在模型（3）中，区域市场化程度和高管个人内部薪酬差距的交乘项显著为正，表明区域市场化程度的提高能够减少内部薪酬差距对于高管交易行为的遏制作用。实证结果表明，区域市场化程度的发展使得高管能够快速接触到更多短时效的私有信息，团队内高薪高管掌握更多公司经营的内部信息，短时效信息的快速获得能够增大高管的获利空间，使得薪酬优势对高管的吸引力降低，导致高管更倾向于利用短时效的信息交易获利，薪酬契约对高管的激励作用降低。

　　在模型（4）中，区域市场化程度和高管个人外部薪酬差距的交乘项显著为正，表明区域市场化程度的提升会减弱外部薪酬差距对高管交易行为的激励作用，即区域市场化程度的快速发展能够使高管更快获得更多短时效的信息，增大高管交易的获利空间，因此行业内高薪高管的短期交易获利能力随着市场化程度的加深而快速提高。

模型（1）至模型（4）的实证结果表明，区域市场化程度的提升能够使高管快速获得短时效的私有信息，拓宽高管的信息来源渠道，增加高管相对于外部投资者短期的信息优势。高薪高管在公司的日常经营中能够接触到更多的内部信息，拥有丰富的公司管理经验，对短时效信息的挖掘和把控能力更强，短时效信息能够加大高管的获利空间，使得薪酬对高管的吸引力减弱，导致高管更愿意利用私有信息交易，高管短期的获利能力得到增强，薪酬契约对高管的激励作用减弱。

在模型（5）中，区域市场化程度和高管的长期获利能力负相关，表明区域市场化程度越高的公司高管长期的获利能力越弱。区域市场化程度的持续加深能够加快区域内的信息流动效率，压缩高管交易的获利空间，减少公司内外部的信息不对称，导致高管利用私有信息交易的程度下降，高管交易的获利能力有所减弱。

在模型（6）中，区域市场化程度和高管薪酬交乘项的系数显著为负，表明区域市场化程度的长期发展能够使市场更加规范，增强法律法规及公司外部治理机制对高管获利能力的限制作用，削弱高管的交易动机，因此掌握更多公司内部消息的高薪高管在交易过程中面临更大的风险，导致高薪高管长期的获利能力减弱更明显，使其更加关注公司业绩的提升，进而能够增强薪酬契约对高管的激励作用。

在模型（7）中，区域市场化程度和高管个人内部薪酬差距的交乘项显著为负，表明区域市场化程度的提升能够增强内部薪酬差距对高薪高管的激励作用。区域市场化程度的加深使得约束高管交易行为的机制更加健全，高管更关注通过增加努力程度提升企业价值，以获得职位的晋升和薪酬的增加。此时，薪酬契约对高管的激励作用增强，团队内高薪高管处在公司薪酬金字塔的顶端，处在"赢项"，高管的薪酬满意度高，因此其交易动机降低，会减少交易中使用的私有信息含量，导致高管交易的长期获利能力下降。

在模型（8）中，区域市场化程度和高管个人外部薪酬差距的交乘项显著为负，表明区域市场化程度的提升能够减少行业内高薪高管的长期获利能力。区域市场化程度的加深导致高管交易行为的诉讼风险和声誉风险增加，因而行业内高薪高管在交易时会减少使用的内部信息含量，导致高管交易的长期获利能力下降。

模型（5）至模型（8）的回归结果表明，区域市场化程度的提升有助于减弱高薪高管的长期获利能力，使高管更加关注通过企业价值提升带来的薪酬增加，从而增强薪酬契约对高管的激励效应。随着区域市场化程度的提升，公司的经营环境更加规范，公司内外部的信息流通性增强，公司经营的透明度提升，导致高管掌握的私有信息空间减少，对高薪高管掌握的私有信息空间压缩效应更加明显，因此长期来看，区域市场化程度的发展能够减少高管，尤其是高薪高管的交易获利能力，增加薪酬契约对高管的激励作用。

表 7 – 11　区域市场化程度在薪酬契约对高管个人获利能力
影响中的调节作用的回归检验

Panel A：高管短时获利能力				
项　目	模型（1） SVALUE	模型（2） SVALUE	模型（3） SVALUE	模型（4） SVALUE
COMP	1.087*** （7.16）	0.807*** （4.85）	1.108*** （7.30）	1.181*** （7.77）

续表

Panel A：高管短时获利能力

项　目	模型（1）SVALUE	模型（2）SVALUE	模型（3）SVALUE	模型（4）SVALUE
INGAP	−1.022***	−1.019***	−4.022***	−0.971***
	（−5.20）	（−5.18）	（−5.29）	（−4.93）
OUTGAP	−0.003	−0.008	−0.018	−4.918***
	（−0.02）	（−0.08）	（−0.17）	（−7.37）
MI	0.306***			
	（4.29）			
COMP_MI		0.025***		
		（4.55）		
INGAP_MI			0.268***	
			（4.03）	
OUTGAP_MI				0.425***
				（7.48）
常数项	−4.142	−0.753	−1.042	−2.078
	（−1.64）	（−0.31）	（−0.43）	（−0.85）
控制变量	控制	控制	控制	控制
年度效应	控制	控制	控制	控制
行业效应	控制	控制	控制	控制
N	25 229	25 229	25 229	25 229
R_sq	0.031	0.031	0.031	0.032

Panel B：高管长期获利能力

项　目	模型（5）LVALUE	模型（6）LVALUE	模型（7）LVALUE	模型（8）LVALUE
COMP	0.399**	0.909***	0.365*	0.318
	（2.01）	（4.17）	（1.83）	（1.60）
INGAP	−0.140	−0.137	5.660***	−0.102
	（−0.57）	（−0.55）	（5.70）	（−0.41）
OUTGAP	−0.208	−0.201	−0.182	2.317**
	（−1.38）	（−1.33）	（−1.20）	（2.52）
MI	−0.610***			
	（−6.49）			
COMP_MI		−0.047***		
		（−6.32）		

Panel B：高管长期获利能力

项　目	模型（5） LVALUE	模型（6） LVALUE	模型（7） LVALUE	模型（8） LVALUE
INGAP_MI			− 0. 520 * * * （ − 5. 97）	
OUTGAP_MI				− 0. 222 * * * （ − 2. 80）
常数项	− 27. 859 * * * （ − 8. 14）	− 34. 553 * * * （ − 10. 39）	− 34. 044 * * * （ − 10. 24）	− 33. 423 * * * （ − 10. 06）
控制变量	控制	控制	控制	控制
年度效应	控制	控制	控制	控制
行业效应	控制	控制	控制	控制
N	18 037	18 037	18 037	18 037
R_sq	0. 059	0. 059	0. 059	0. 057

注："*""**""***"分别表示在 10% 、5% 、1% 的水平上显著。

表 7 - 12 是区域市场化程度在薪酬契约对高管团队交易规模影响中的调节作用的回归检验。从模型（1）至模型（4）的检验结果可以看出，区域市场化程度、区域市场化程度和薪酬水平的交乘项、区域市场化程度和高管团队内部薪酬差距的交乘项、区域市场化程度和高管团队外部薪酬差距的交乘项的回归结果均不显著，表明区域市场化程度的改善对于高管团队交易规模的影响并不显著。

表 7 - 12　区域市场化程度在薪酬契约对高管团队交易规模
影响中的调节作用的回归检验

项　目	模型（1） TRADE	模型（2） TRADE	模型（3） TRADE	模型（4） TRADE
COMP	0. 675 * * * （2. 77）	0. 691 * * * （2. 66）	0. 665 * * * （2. 73）	0. 643 * * * （2. 65）
INGAP	0. 178 * * （2. 29）	0. 178 * * （2. 29）	0. 171 （0. 37）	0. 178 * * （2. 28）

续表

项　目	模型（1）TRADE	模型（2）TRADE	模型（3）TRADE	模型（4）TRADE
OUTGAP	-0.201 （-1.22）	-0.201 （-1.22）	-0.199 （-1.21）	-0.667 （-1.20）
MI	-0.027 （-0.35）			
COMP_MI		-0.002 （-0.27）		
INGAP_MI			0.001 （0.02）	
OUTGAP_MI				0.043 （0.88）
TMSHARE	0.322*** （8.99）	0.322*** （8.98）	0.321*** （8.97）	0.319*** （8.90）
FIRST3	-2.381*** （-4.01）	-2.385*** （-4.02）	-2.399*** （-4.04）	-2.421*** （-4.08）
DUAL	-0.836*** （-4.72）	-0.835*** （-4.71）	-0.835*** （-4.71）	-0.831*** （-4.69）
INDEP	1.147 （0.74）	1.147 （0.74）	1.145 （0.74）	1.151 （0.74）
SEPERATION	-0.004 （-0.34）	-0.004 （-0.34）	-0.005 （-0.37）	-0.006 （-0.45）
INSTITUTION	1.599*** （3.14）	1.600*** （3.14）	1.603*** （3.14）	1.601*** （3.14）
ROA	-8.063*** （-4.70）	-8.067*** （-4.70）	-8.078*** （-4.71）	-8.059*** （-4.70）
SIZE	-0.066 （-0.53）	-0.064 （-0.52）	-0.060 （-0.49）	-0.049 （-0.40）
LEV	-0.816 （-1.48）	-0.820 （-1.48）	-0.833 （-1.51）	-0.850 （-1.54）
MTB	0.207*** （5.43）	0.207*** （5.43）	0.208*** （5.47）	0.209*** （5.51）
常数项	-8.181** （-2.25）	-8.471** （-2.38）	-8.444** （-2.37）	-8.369** （-2.35）
N	3 686	3 686	3 686	3 686
R_sq	0.043	0.043	0.043	0.043

注："*""**""***"分别表示在10%、5%、1%的水平上显著。

（四）分析师关注度对薪酬契约激励效果的调节作用

表7-13是分析师关注度在薪酬契约对高管个人择时能力影响中的调节作用的回归检验。其中，模型（1）至模型（4）是分析师关注度对高管短期择时能力调节作用的回归检验，模型（5）至模型（8）是分析师关注对高管长期择时能力调节作用的回归检验。当公司的分析师关注度提升时，公司受到更多分析师的跟踪，由于分析师具有信息解读和信息挖掘的作用，能够将公司的内部信息传递到外部，同时能够加强外部投资者对于公司披露信息的理解，所以预期分析师关注度能够减少高管掌握的私有信息，减弱高管个人的择时能力。

在模型（1）中，分析师关注度和高管短期择时能力负相关，表明分析师关注度越高，高管短期的择时能力越弱。这说明分析师能够在资本市场上起到信息挖掘和信息传递的作用，能够降低公司内外部信息不对称的程度，压缩高管的内部信息空间，加强对高管交易行为的外部监督，从而能够减少高管短期的择时能力。

在模型（2）中，分析师关注度和高管薪酬交乘项的系数显著为负，表明分析师关注度的提升能够增加高管的交易风险，并且分析师的信息传递作用对高薪高管的择时能力影响更大。相比于低薪高管，高薪高管参与更多的公司经营决策，掌握更多的公司内部信息，因而分析师关注度对高薪高管信息优势的减弱更加明显，导致高薪高管在交易时大幅减少私有信息的使用，使得其择时能力下降幅度更大。

在模型（3）中，分析师关注度和高管个人内部薪酬差距的交乘项显著为负，表明分析师关注度的提升能够增加内部薪酬差距对于高管交易行为的遏制作用，即分析师关注度的提升能够压缩团队内高薪高管的私有信息空间，增加交易带来的声誉损失，使团队内的高薪高管更加关注自身声誉的维护，降低交易中的私有信息含量，从而导致团队内高薪高管的短期择时能力降低。

在模型（4）中，分析师关注度和高管个人外部薪酬差距的交乘项显著为负，表明分析师关注度的提升能够压缩短期内行业高薪高管的私有信息空间，增强薪酬契约对高管交易行为的激励作用。

模型（1）至模型（4）的实证结果表明，分析师关注度的提升能够遏制高管短期的择时能力，其遏制作用在高薪高管的交易行为中更加显著。这说明分析师能够起到资本市场信息解释和信息挖掘的作用，能够快速将行业和公司发展的短时效的信息传达给外部投资者，削弱高管短期内的信息优势，从而降低高管的短期择时能力。同时，分析师对于高薪高管私有信息空间的压缩能力更强，对高薪高管交易行为的持续关注能够增加其交易的声誉风险，从而对高薪高管的短期交易择时能力有更强的遏制作用。分析师对高管交易能力的遏制能够减少高管交易的超额收益，使得高管交易的机会成本上升，导致高管，尤其是高薪高管会更加关注通过提升公司业绩获得更多的薪酬，从而能够增强薪酬契约对高管的激励效用。

在模型（5）中，分析师关注度和高管长期择时能力负相关，表明分析师关注度越高的公司中高管长期的择时能力越弱。这说明分析师的持续关注能够加强公司内外部的信息流动，加深外部投资者对于公司运营的了解，减少高管掌握的私有信息空间，从而对高管的择时能力有长期的遏制作用。

在模型（6）中，分析师关注度和高管薪酬交乘项的系数显著为负，表明分析师关注度的提升对于高薪高管交易择时能力的遏制作用更加明显，能够增强薪酬水平对高管的长期激励。

在模型（7）中，分析师关注度和高管个人内部薪酬差距的交乘项系数显著为负，表明分析师关注度的提升能够削弱团队内高薪高管的信息优势，对高薪高管起到更加严格的监管作用，导致高薪高管相比于低薪高管的长期择时能力下降更为明显，因而使得高管将更多精力用在企业的经营中，增强了薪酬契约对高管的激励作用。

在模型（8）中，分析师关注度和高管个人外部薪酬差距的交乘项显著为负，表明分析师关注度的提升能够降低行业内高薪高管的长期择时能力，增强薪酬契约对行业内高管的激励作用。

模型（5）至模型（8）的回归结果表明，分析师关注度的提升有助于压缩高管，尤其是高薪高管的私有信息空间，而且分析师长期的追踪增加了高管利用私有信息交易的声誉风险，使得高管做出交易行为选择时更加谨慎，从而减少了高管在交易中私有信息含量的使用，降低了高管的长期择时能力。高管交易的约束增多及获利减少能够使高管将更多的精力用于公司的运营和战略的制定，以期通过提升企业价值获得更多的薪酬，从而增强了薪酬契约对高管的激励效果。

表 7-13 分析师关注度在薪酬契约对高管个人择时能力影响中
的调节作用的回归检验

Panel A：短期择时能力				
项 目	模型（1） CAR20	模型（2） CAR20	模型（3） CAR20	模型（4） CAR20
COMP	0.009 * * * (5.11)	0.010 * * * (5.49)	0.008 * * * (4.68)	0.008 * * * (4.30)
INGAP	-0.014 * * * (-6.10)	-0.014 * * * (-6.12)	-0.003 (-0.75)	-0.014 * * * (-6.21)
OUTGAP	0.004 * * * (3.64)	0.004 * * * (3.76)	0.005 * * * (4.19)	0.009 * * * (2.91)
ANALYST	-0.003 * * * (-3.54)			
COMP_ANALYST		-0.000 * * * (-3.22)		

续表

Panel A：短期择时能力

项　目	模型（1） CAR20	模型（2） CAR20	模型（3） CAR20	模型（4） CAR20
INGAP_ANALYST			-0.003*** (-3.59)	
OUTGAP_ANALYST				-0.001* (-1.65)
常数项	-0.098*** (-3.32)	-0.106*** (-3.43)	-0.095*** (-3.24)	-0.069** (-2.46)
控制变量	控制	控制	控制	控制
年度效应	控制	控制	控制	控制
行业效应	控制	控制	控制	控制
N	25 158	25 158	25 158	25 158
R_sq	0.038	0.038	0.038	0.038

Panel B：长期择时能力

项　目	模型（5） CAR120	模型（6） CAR120	模型（7） CAR120	模型（8） CAR120
COMP	0.008 (1.22)	0.019*** (2.84)	0.002 (0.24)	-0.010 (-1.43)
INGAP	-0.030*** (-3.64)	-0.031*** (-3.72)	0.094*** (6.58)	-0.039*** (-4.63)
OUTGAP	0.021*** (4.06)	0.023*** (4.41)	0.028*** (5.43)	0.138*** (10.86)
ANALYST	-0.043*** (-12.10)			
COMP_ANALYST		-0.003*** (-12.16)		
INGAP_ANALYST			-0.034*** (-10.97)	
OUTGAP_ANALYST				-0.024*** (-9.83)
常数项	-1.232*** (-10.37)	-1.383*** (-11.23)	-1.165*** (-9.86)	-0.924*** (-8.11)
控制变量	控制	控制	控制	控制
年度效应	控制	控制	控制	控制
行业效应	控制	控制	控制	控制
N	17 980	17 980	17 980	17 980
R_sq	0.049	0.049	0.048	0.046

注："*""**""***"分别表示在10%、5%、1%的水平上显著。

　　表 7 - 14 是分析师关注度在薪酬契约对高管个人获利能力影响中的调节作用的回归检验。其中，模型（1）至模型（4）是分析师关注度对高管短期获利能力调节作用的回归检验，模型（5）至模型（8）是分析师关注度对高管长期获利能力调节作用的回归检验。

　　在模型（1）中，分析师关注度和高管短期获利能力负相关，表明分析师关注度越高，高管短期的获利能力越弱。这说明分析师能够在资本市场上起到信息挖掘和信息传递的作用，降低公司内外部信息不对称的程度，压缩高管的内部信息空间，加强对高管交易行为的外部监督，从而能使高管减少交易中使用的私有信息含量，缩小交易规模，导致高管交易获利减少。

　　在模型（2）中，分析师关注度和高管薪酬交乘项的系数的回归结果不显著，表明分析师关注度对于高薪高管和低薪高管获利能力的遏制作用相同，并没有显著差异。

　　在模型（3）中，分析师关注度和高管个人内部薪酬差距的交乘项的回归系数不显著，表明分析师对于团队内不同薪酬水平高管的交易获利都能够起到约束作用，其约束程度并没有显著区别。

　　在模型（4）中，分析师关注度和高管个人外部薪酬差距的交乘项显著为负，表明分析师关注度的提升能够压缩短期内行业高薪高管的私有信息空间，增强外部薪酬差距对高管交易行为的激励作用。

　　模型（1）至模型（4）的实证结果表明，分析师关注度的提升能够遏制高管短期的获利能力，其遏制作用在高薪高管的交易行为中更加显著。这说明分析师能够起到资本市场信息解释和信息挖掘的作用，能够快速将行业和公司发展的短时效的信息传达给外部投资者，削弱高管短期内的信息优势，从而降低高管的短期获利能力。同时，分析师对于高薪高管私有信息空间的压缩能力更强，但其遏制作用对于同一个高管团队中的高管并没有显著差异。分析师的持续关注能够增加高管交易的声誉风险，能够增加高管利用短时效信息的交易成本，减少高管短期交易的超额收益，导致短期内高管更关注公司价值提升所带来的薪酬回报，从而增强了薪酬契约对高管的激励效用。

在模型（5）中，分析师关注度和高管长期的获利能力负相关，表明分析师关注度越高的公司中高管长期的获利能力越弱。这说明分析师的持续关注对高管的长期获利能力有遏制作用。

在模型（6）中，分析师关注度和高管薪酬交乘项的系数显著为负，表明分析师关注度的提升对于高薪高管交易获利能力的遏制作用更加明显，能够增强薪酬水平对高管的长期激励。

在模型（7）中，分析师关注度和高管个人内部薪酬差距的交乘项显著为负，表明分析师关注度的提升能够削弱团队内高薪高管的信息优势，对高薪高管起到更加严格的监管作用，导致高薪高管相比于低薪高管的长期获利能力下降更为明显。

在模型（8）中，分析师关注度和高管个人外部薪酬差距的交乘项显著为负，表明分析师关注度的提升能够降低行业内高薪高管的长期获利能力，增强薪酬契约对行业内高管的激励作用。

模型（5）至模型（8）的回归结果表明，分析师关注度的提升有助于压缩高管，尤其是高薪高管的私有信息空间，而且分析师长期的追踪增加了高管利用私有信息交易的声誉风险，使得高管做出交易行为选择时更加谨慎，从而减少了高管在交易中私有信息含量的使用，缩小了高管交易的规模，降低了高管的长期获利能力。高管交易的约束增多及获利减少能够使高管将更多的精力用于公司的运营和战略的制定，以期通过提升企业价值获得更多的薪酬，从而能够增强薪酬契约对高管的激励效果。

表7－14　分析师关注度在薪酬契约对高管个人获利能力
影响中的调节作用的回归检验

Panel A：高管短时获利能力

项　目	模型（1）SVALUE	模型（2）SVALUE	模型（3）SVALUE	模型（4）SVALUE
COMP	1.081＊＊＊	1.110＊＊＊	1.059＊＊＊	0.901＊＊＊
	－7.11	－7.22	－6.93	－5.65
INGAP	－1.050＊＊＊	－1.052＊＊＊	－0.718＊＊	－1.101＊＊＊
	（－5.34）	（－5.35）	（－2.17）	（－5.59）
OUTGAP	0.024	0.03	0.046	0.978＊＊＊
	－0.24	－0.29	－0.44	－3.46
ANALYST	－0.121			
	（－1.49）			
COMP_ANALYST		－0.009		
		（－1.40）		
INGAP_ANALYST			－0.089	
			（－1.25）	
OUTGAP_ANALYST				－0.183＊＊＊
				（－3.61）
常数项	－2.343	－2.676	－2.02	－2.083
	（－0.91）	（－0.99）	（－0.79）	（－0.85）
控制变量	控制	控制	控制	控制
年度效应	控制	控制	控制	控制
行业效应	控制	控制	控制	控制
N	25 158	25 158	25 158	25 158
R_sq	0.03	0.03	0.03	0.031

Panel B：高管长期获利能力

项　目	模型（5）LVALUE	模型（6）LVALUE	模型（7）LVALUE	模型（8）LVALUE
COMP	0.349＊	0.566＊＊＊	0.227	0.073
	－1.76	－2.82	－1.14	－0.35
INGAP	－0.064	－0.077	2.214＊＊＊	－0.2
	（－0.26）	（－0.31）	－5.26	（－0.81）
OUTGAP	－0.234	－0.2	－0.101	1.523＊＊＊
	（－1.56）	（－1.33）	（－0.67）	－4.08
ANALYST	－0.845＊＊＊			
	（－8.03）			

Panel B：高管长期获利能力

项　目	模型（5）LVALUE	模型（6）LVALUE	模型（7）LVALUE	模型（8）LVALUE
COMP_ANALYST		−0.066*** （−8.03）		
INGAP_ANALYST			−0.624*** （−6.82）	
OUTGAP_ANALYST				−0.352*** （−4.98）
常数项	−42.298*** （−12.08）	−45.211*** （−12.45）	−40.524*** （−11.64）	−35.613*** （−10.61）
控制变量	控制	控制	控制	控制
年度效应	控制	控制	控制	控制
行业效应	控制	控制	控制	控制
N	17 980	17 980	17 980	17 980
R_sq	0.061	0.061	0.06	0.059

注："*""**""***"分别表示在10%、5%、1%的水平上显著。

表7-15是分析师关注度在薪酬契约对高管团队交易规模影响中的调节作用的回归检验。从模型（1）至模型（4）的检验结果可以看出，分析师关注度、分析师关注度和薪酬水平的交乘项、分析师关注度和高管团队内部薪酬差距的交乘项、分析师关注度和高管团队外部薪酬差距的交乘项的回归系数均显著为正，表明分析师关注度高的公司中高管的交易规模更大，交易更频繁。这说明分析师关注度能够引起社会外部投资者对于公司的关注，增加了公司股票的流动性。结合表7-13和表7-14的回归结果分析可以发现，分析师关注度的提升能够遏制高管利用公司私有信息的交易行为，同时分析师关注度能够使企业的信息环境更加透明，股票的流动性更强，因而高管团队交易规模的增加主要来源于高管团队出于流动性需求的交易动机。

表 7 - 15　分析师关注度在薪酬契约对高管团队交易规模

影响中的调节作用的回归检验

项　目	模型（1） TRADE	模型（2） TRADE	模型（3） TRADE	模型（4） TRADE
COMP	0. 418 * （1. 69）	0. 246 （0. 98）	0. 506 * * （2. 05）	0. 893 * * * （3. 57）
INGAP	0. 191 * * （2. 46）	0. 192 * * （2. 46）	- 0. 886 * * * （- 5. 26）	0. 195 * * （2. 49）
OUTGAP	- 0. 113 （- 0. 68）	- 0. 143 （- 0. 86）	- 0. 146 （- 0. 88）	- 1. 917 * * * （- 6. 09）
ANALYST	0. 799 * * * （8. 75）			
COMP_ANALYST		0. 062 * * * （8. 66）		
INGAP_ANALYST			0. 310 * * * （7. 15）	
OUTGAP_ANALYST				0. 399 * * * （6. 58）
TMSHARE	0. 233 * * * （6. 07）	0. 234 * * * （6. 10）	0. 257 * * * （6. 72）	0. 266 * * * （6. 98）
FIRST3	- 2. 836 * * * （- 4. 68）	- 2. 842 * * * （- 4. 69）	- 2. 712 * * * （- 4. 46）	- 2. 903 * * * （- 4. 77）
DUAL	- 0. 723 * * * （- 4. 00）	- 0. 723 * * * （- 4. 00）	- 0. 762 * * * （- 4. 21）	- 0. 774 * * * （- 4. 27）
INDEP	1. 952 （1. 23）	1. 906 （1. 20）	2. 006 （1. 26）	1. 641 （1. 03）
SEPERATION	- 0. 007 （- 0. 58）	- 0. 007 （- 0. 58）	- 0. 006 （- 0. 44）	- 0. 004 （- 0. 35）
INSTITUTION	0. 757 （1. 45）	0. 762 （1. 46）	0. 962 * （1. 85）	0. 983 * （1. 88）
ROA	- 10. 697 * * * （- 5. 97）	- 10. 719 * * * （- 5. 98）	- 9. 998 * * * （- 5. 57）	- 10. 250 * * * （- 5. 70）
SIZE	- 0. 577 * * * （- 4. 12）	- 0. 576 * * * （- 4. 10）	- 0. 421 * * * （- 3. 07）	- 0. 418 * * * （- 3. 02）
LEV	0. 641 （1. 04）	0. 614 （1. 00）	0. 232 （0. 38）	- 0. 005 （- 0. 01）
MTB	0. 170 * * * （4. 10）	0. 170 * * * （4. 10）	0. 192 * * * （4. 65）	0. 196 * * * （4. 73）
常数项	4. 317 （1. 09）	6. 547 （1. 62）	2. 129 （0. 54）	- 2. 319 （- 0. 61）
N	3 584	3 584	3 584	3 584
R_sq	0. 063	0. 063	0. 056	0. 054

注："*""* *""* * *"分别表示在 10% 、5% 、1% 的水平上显著。

第四节 小 结

制度环境在公司薪酬契约对高管的激励效果中起着重要的调节保障作用。良好的制度环境包括声誉机制的有效性和流动机制的有效性。有效的声誉机制能够使得高管通过声誉积累获得职位晋升，有效的流动机制使得高管可以通过跳槽实现经营努力程度和薪酬水平的匹配。严格的法律环境和有效的外部监督环境能够增加高管交易面临的诉讼风险和声誉风险，减少高管的获利性交易动机，从而使高管将更多的精力放在公司运营和战略制定上，以期通过企业价值提升获得更多的薪酬补偿。因此，公司内外部治理环境的改善能够增加薪酬契约对高管的激励作用。

本章从制度环境的角度出发，通过声誉机制和流动机制两个途径，分别研究了法律环境（法律法规）、公司内控水平、区域市场化发展程度、分析师关注度在薪酬契约对高管个人和高管团队激励效果中的调节作用。通过研究，有以下几个方面的发现。

（1）法律环境的改善能够同时减少高管个人短期和长期的择时能力和获利能力，增加薪酬契约对高管交易行为的遏制作用。这说明随着法律法规的不断完善及实施力度的不断加强，高管利用私有信息交易的行为需要承担更大的声誉风险和诉讼风险，因而其会减少利用私有信息的交易行为，缩小交易规模，减少交易获利，导致高管在交易获利受限的情况下更关注公司经营所带来的薪酬水平提升，从而增强薪酬契约对高管的激励效用。

（2）内控水平好的公司中高管短期的择时能力和获利能力更强，长期的择时能力和获利能力减弱，表明内控水平的提升有助于公司的长期发展，能够规范公司运营流程，控制关键风险环节,加强对高管行为的监督,但是其对利用短时效信息交易的高管不能起到遏制作用。短时效信息能够在内控水平高的公司中导致外部投资者一致性偏差,会增加高管交易的获利空间,因此内控水平的提升有助于实现薪酬契约对高管的长期激励,而对短期激励的效果不佳。

(3)区域市场化程度的提升能够遏制高管交易的长期择时能力和获利能力,但却增加了高管交易的短期择时能力和获利能力。同时,区域市场化程度的提升能够加强薪酬契约对高管长期交易行为的遏制作用,但却减弱了薪酬契约对高管短期交易行为的激励。这可能是因为随着区域市场化程度的加深,企业的经营信息更加透明,长期来看高管拥有的私有信息更少;同时,外部监督更完善,导致高管交易的声誉风险增加,因而高管的长期获利更少。但是,市场化程度的加深能够拓宽高管获取信息的渠道,提高高管获取短时效信息的准确性,同时短时效的突发信息能够更快被高管获得,从而增强了高管短期相对于外部投资者的信息优势,因此短期内高管可以利用自身的私有信息优势提前交易获利。长期来看,区域市场化程度的加深能够促进公司内外部的信息流动,降低高管的私利空间,约束高管交易的获利能力,因此有助于增强薪酬契约对高管的长期激励。

(4)分析师关注度的提升能够有效减少高管短期和长期的择时能力和获利能力,增强薪酬契约对高管短期交易行为和长期交易行为的遏制作用。这说明分析师在资本市场上起到了很好的信息挖掘和信息传递的作用,能够有效地监督高管利用私有信息的交易行为,能够提高薪酬契约的可信度,从而增强薪酬契约对高管的激励作用。在制度环境中,只有分析师关注度对高管团队的交易行为产生了正向影响,这可能是因为分析师关注度高的公司信息更加透明,导致公司股票的流动性更好,高管出于流动性需求的交易增多,导致高管交易规模的扩大。结合分析师关注度与高管个人交易行为的回归结果分析可得，分析师能够遏制高管的个人交易获利，但却能够扩大高管团队基于流动性动机的交易规模。

本章是第三章股东和高管间薪酬的动态博弈模型中公司内外部制度环境变化在薪酬契约对高管交易行为效应中调节作用的量化检验。以往文献在研究薪酬作用时主要关注企业内部环境，如股权结构、管理层权利、企业特征等因素对于薪酬契约激励效果的影响，而较少从区域市场环境的角度解释宏观因素变化对于薪酬契约激励效果的影响。薪酬契约的实施离不开企业所处的制度环境、法律环境、外部监督环境，它们都会对薪酬契约的激励效果产生重要影响。因此，研究公司薪酬契约实施的内外部环境能够明晰薪酬契约对高管交易行为的影响路径和作用机理，为提高薪酬契约的激励效果提供理论和数据支持。

第八章

研究结论、政策建议及研究展望

第 一 节　研 究 结 论

　　本书以中国民营上市公司的高管交易行为为研究对象，立足委托代理理论和信息不对称理论的基本研究范式，综合运用锦标赛理论、行为理论和经理人市场理论，确立股东与高管间的理论薪酬均衡点，讨论了薪酬水平偏离均衡点和均衡点移动时高管的行为选择，建立了薪酬体系影响高管个人交易行为和团队交易行为的薪酬水平、内部薪酬差距和外部薪酬差距"三维一体"整体分析框架，通过引入公司内部控制、公司外部监督、法律环境、区域市场化程度等制度环境因素创建股东和高管间薪酬的动态博弈模型分析，构建了薪酬体系影响高管交易的作用机制：高管努力程度、内外部薪酬差距、公司内外部治理环境共同决定了高管的隐性薪酬期望，将隐性薪酬期望和现实薪酬水平代入激励相容模型进行分析，从而解释了高管交易行为选择。基于上述理论分析，本书利用2010—2014年民营上市公司的高管薪酬及高管交易数据，通过计量模型实证检验高管薪酬契约对高管交易行为的效应及制度环境在薪酬激励效果中的调节作用。

本书的主要研究结论如下。

（1）薪酬激励不足是高管个人交易行为产生的根本动机，高管掌握的公司内部私有信息是其交易获利的主要原因，合理的公司薪酬体系能够增加高管的薪酬满意度，减轻高管利用私有信息交易获利的动机。本书利用委托代理理论和参照点效应分析"薪酬三维模型"体系下薪酬水平和薪酬结构对高管个人交易择时能力和获利能力的效应，区分高管交易方向、是否高管本人交易、高管交易期限等条件后分别检验薪酬契约对高管交易获利能力效应的异质性。实证研究发现：薪酬水平高的高管短期交易的择时能力和获利能力更强，表明高薪高管在企业的经营决策中能够接触到更多的公司内部信息，相比于低薪高管具有信息优势，同时高薪高管拥有更加扎实的专业知识和丰富的管理经验，对短时效信息的处理能力更强，能够准确判断不同信息对公司股价的影响，因而其短期交易的择时能力和获利能力更强。高管个人内部薪酬差距与高管交易择时能力和获利能力的回归结果表明，团队内部正向的薪酬差距会使高管获得更高的薪酬满意度，更在意交易行为所带来的诉讼风险和声誉风险，此时高管表现为风险厌恶型，更倾向于减少自己在交易行为中的私有信息使用，导致其交易的择时能力和获利能力减弱。高管个人外部薪酬差距与高管择时能力和获利能力的回归结果表明，行业内薪酬水平高的高管短期和长期的交易择时能力更强，这说明行业内薪酬水平高的高管掌握更多行业和公司未来发展的信息，能够对行业前景有更加准确的判断，因而更能把握住交易机会。进一步分组研究的实证结果表明，高管短期的择时能力和获利能力主要体现在其卖出行为中，而长期的择时能力和获利能力主要体现在其买入行为中。相比于高管本人，高管亲属交易行为的择时能力和获利能力更强。

（2）高管团队内部薪酬差距的扩大会加剧高管团队内成员的

不公平感，导致高管团队利用私有信息的交易行为加剧，交易规模扩大。本书利用锦标赛理论和行为理论分析"薪酬三维模型"体系下薪酬水平和薪酬结构对高管团队交易规模的效应，高管团队交易行为是高管个人交易行为的集合体现，团队的薪酬满意度与团队薪酬特征相关。实证研究发现：团队内部薪酬差距的扩大会导致高管利用私有信息的程度加深，交易规模扩大；团队外部薪酬差距有助于减缓内部薪酬差距对高管交易规模的促进作用。研究结果表明，单纯提高高管团队的薪酬水平无助于减少高管利用公司私有信息的交易行为，因此公司在设计高管团队的薪酬时需要更多地考虑高管团队薪酬的公平性，同时需要根据公司自身的水平，制定相对于行业平均薪酬水平有竞争力的高管团队薪酬体系，增加团队成员的满足感，从而减少高管团队的交易规模，增强薪酬契约对高管团队的激励作用。

（3）企业内外部制度环境在薪酬契约对高管的激励效果中起着重要的调节作用，良好的企业经营环境能够减少高管掌握的私有信息含量，压缩高管的交易获利空间，降低高管的交易获利能力，使高管更多地关注公司的经营和战略制定，以期通过公司价值的提升获得薪酬晋升，从而增强薪酬契约对高管的激励作用。本书构建股东和高管间的动态薪酬博弈模型，引入制度环境因素理论分析其对薪酬契约激励效果的调节作用，并进行实证检验。实证研究结果表明：区域法制化程度的改善能够同时减少高管个人短期和长期的择时能力和获利能力，增加高管交易所面临的法律风险和诉讼风险，使得高管在交易中减少私有信息的使用，导致高管的交易获利减少。此时，公司内部的职位晋升和薪酬增加对高管更有吸引力，薪酬契约对高管的激励作用增强。内控水平好的公司中高管短期的择时能力和获利能力更强，长期的择时能力和获利能力更弱，表明内控水平的提升有助于公司的长期发展，能够增加公司经营的透明度，使得公司经营流程更加规范；

但是，短期内外部投资者的一致性预期偏差能够增加高管交易的获利空间，导致高管短期获利能力增强，表明内控水平的提升有助于薪酬契约对高管的长期激励，而对短期激励的效果不佳。区域市场化程度的提升能够遏制高管交易的长期择时能力和获利能力，但却能够增加高管交易的短期择时能力和获利能力，表明随着区域市场化程度的加深，公司间的信息渠道拓宽，信息交流速率增加，导致高管短期内能够更快地获得更加准确的信息，使得高管具有短期的信息优势，但是长期来看信息流动性的增加使得高管掌握的私有信息减少，导致高管长期交易的择时能力和获利能力减弱，因而区域市场化程度的发展能够增强薪酬契约对高管的长期激励效果。分析师关注度的提升能够有效地减少高管短期和长期的择时能力和获利能力，压缩高管的私有信息空间，减少高管交易获利，从而使高管将更多的精力放在公司经营上。实证结果表明，分析师在资本市场上起到了很好的信息挖掘和信息传递的作用，能够有效地监督高管利用私有信息的交易行为，提高薪酬契约的可信度，增强薪酬契约对高管的激励效果。

第二节　政策建议

基于上述的研究结果，本书提出以下政策建议。

（1）薪酬契约是股东激励高管的有效手段，但是一味地提高高管的薪酬水平并不能遏制高管的自利性行为，薪酬契约的制定需要综合考虑高管团队的内部薪酬差距和外部薪酬差距。当高管薪酬高于团队平均薪酬或是行业平均薪酬时，高管会产生满足感，提高对公司的忠诚度，增加自身的努力程度，因此企业在设定高管薪酬时需要考虑薪酬体系对高管公平感知的影响。同时，公司需要加强内控建设，设定具体透明的职位晋升通道和考核标准，完善内部规章制度，使得高管行为时刻受到董事会的监督，做到奖惩分明、有章可循，从而增强薪酬契约的有效性，增强薪酬契约对高管的激励效用。

（2）监管部门需要加强对高管短期交易行为，尤其是卖出交易行为的监管。实证研究的结果表明，高管短期的择时能力主要体现在其卖出行为上，同时高管利用短时效私有信息的交易行为并不会显著受到公司内控水平、区域市场化程度的约束，因此监管部门需要重点关注高管频繁的短期交易行为，制定长效的管理机制，加大执法监督力度，约束高管的短期交易获利。同时，在监管时也需要进行更细致的分类监管，例如高管亲属的交易行为不会受到6个月内不得反向交易的影响，能够进行频繁的交易，因此需要对高管亲属的交易进行重点监督。

（3）政府部门需要制定长期的发展规划，保证区域市场化程度不断加深、区域法律环境不断改进、公司的外部监督机制逐步完善，这样可以保证公司内部的信息快速传递到公司外部，减少公司内外部的信息不对称，压缩高管的私利空间。同时，外部监督机制的发展也能对高管的行为产生约束，从侧面加强薪酬体系对高管的激励作用。区域市场化程度的加深能够提供更完善的人才市场，规范人才市场的评判体系，加强人才市场的流动性，为高管提供更好地发挥能力的平台，从而使得高管将更多的精力放在公司经营上，维护自身的声誉，减少利用私有信息的交易行为，从而增强薪酬契约对高管的激励作用。

第三节　研究展望

目前，国内通过高管交易行为检验薪酬契约激励效果的文献仍不完善，本书的研究重点关注民营企业中货币性薪酬契约对高管的激励作用，并探究不同制度环境下薪酬契约激励效果的差异，取得了一定的创新性成果。在本书现有的研究基础上，仍然有很多值得进一步深入研究的问题。

（1）本书中的薪酬契约限定为狭义的薪酬契约，即高管获得的直接性货币薪酬，但是广义的高管薪酬契约指高管在付出劳动之后获得的各种货币收入、服务和福利之和，包括股权激励、在职消费和政治晋升等激励。虽然相比于公司的货币性薪酬激励，股权激励、政治晋升等激励方式的实施范围仍然较小，同时高管股权的获得方式存在差异且不同公司对股权激励的行权规定也不尽相同，限于篇幅和研究结构的考虑，本书仅重点研究狭义的薪酬契约对高管交易行为的影响，但是不同形式的薪酬激励能够对高管起到不同的激励效果，在未来的研究中可以通过高管交易行为检验不同薪酬激励形式的激励效果，以期修正薪酬组合，加强对高管的薪酬激励，进一步减少股东和高管间的代理成本。

（2）本书重点关注民营企业中高管薪酬与高管交易行为之间的关系，未来可进一步研究国有企业中高管薪酬与高管交易行为之间的关系。在国有企业中，高管行为面临多重监管，高管交易的动机更加复杂，交易行为的选择可能存在一定的政治目的。预期可以采用事件研究法分析民营企业高管和国有企业高管对于政策的响应和拥护程度的差异，并比较不同所有制企业高管交易获利的差异，以便针对不同的所有制企业制定不同的薪酬激励措施和交易标准规范。

（3）本书仅考虑了高管静态薪酬对高管交易行为的影响，尚未考虑薪酬变化及变化速率对高管交易行为的影响。高管薪酬水平根据公司业绩和高管的努力程度时刻处在变化之中，短期快速提薪或薪酬长期保持不变都会对高管的薪酬满意度产生影响，导致高管不同的交易行为选择，因此在未来的研究中可以关注高管薪酬的变动和变动速率对高管交易行为的影响，从而丰富薪酬契约对高管交易行为效应的实践检验。

参 考 文 献

ABOODY D, HUGHES J, LIU J, 2005. Earnings quality, insider trading, and cost of capital[J]. Journal of accounting research, 43 (5): 651 – 673.

ACHARYA V V, JOHNSON T C, 2007. Insider trading in credit derivatives[J]. Journal of financial economics, 84 (1): 110 – 141.

ACHARYA V V, MYERS S C, RAJAN R G, 2011. The internal governance of firms[J]. The journal of finance, 66 (3): 689 – 720.

AGGARWAL R K, SAMWICK A A, 1999. Executive compensation, strategic competition, and relative performance evaluation: theory and evidence[J]. The journal of finance, 54 (6): 1999 – 2043.

AGRAWAL A, COOPER T, 2015. Insider trading before accounting scandals[J]. Journal of corporate finance, 34: 169 –190.

ALLDREDGE D M, CICERO D C, 2015. Attentive insider trading [J]. Journal of financial economics, 115 (1): 84 – 101.

ALTAMURO J, BEATTY A, 2010. How does internal control regulation affect financial reporting? [J]. Journal of accounting and economics, 49 (1): 58 – 74.

BABENKO I, TSERLUKEVICH Y, VEDRASHKO A, 2012. The

credibility of open market share repurchase signaling[J]. Journal of financial and quantitative analysis, 47 (5): 1059 - 1088.

BARBEDO C H, SILVA E C D, LEAL R P C, 2010. Premium listing segments and information based trading in Brazil[J]. Academiarevista Latinoamericana de administración, 2 (45): 1 - 19.

BENEISH M D, VARGUS M E, 2002. Insider trading, earnings quality, and accrual mispricing[J]. The accounting review, 77 (4): 755 - 791.

BENEISH M D, PRESS E, VARGUS M E, 2012. Insider trading and earnings management in distressed firms[J]. Contemporary accounting research, 29 (1): 191 - 220.

BENY L N, 2008. Do investors in controlled firms' value insider trading laws? international evidence[J]. Journal of law, economics and policy, 4 (2): 267.

BERKMAN H, KOCH P D, WESTERHOLM P J, 2014. Informed trading through the accounts of children[J]. The journal of finance, 69 (1): 363 - 404.

BETTIS J C, COLES J L, LEMMON M L, 2000. Corporate policies restricting trading by insiders[J]. Journal of financial economics, 57 (2): 191 - 220.

BHATTACHARYA U, DAOUK H, 2002. The world price of insider trading[J]. The journal of finance, 57 (1): 75 - 108.

BROCHET F, 2010. Information content of insider trades before and after the Sarbanes - Oxley Act[J]. The accounting review, 85 (2): 419 - 446.

BUSHMAN R M, PIOTROSKI J D, SMITH A J, 2005. Insider trading restrictions and analysts' incentives to follow firms[J]. The journal of finance, 60 (1): 35 - 66.

CANARELLA G, GASPARYAN A, 2008. New insights into executive compensation and firm performance: evidence from a panel of "new economy" firms, 1996 – 2002 [J]. Managerial finance, 34 (8): 537 – 554.

CAO C, FIELD L C, HANKA G, 2004. Does insider trading impair market liquidity? evidence from IPO lockup expirations [J]. Journal of financial and quantitative analysis, 39 (1): 25 – 46.

CHEN Y S, HUANG I C, 2013. Financial performance of audit firms in different life cycle stages: evidence from Taiwan [J]. International journal of business & finance research, 7 (4): 43 – 62.

CHENG Q, LO K, 2006. Insider trading and voluntary disclosures [J]. Journal of accounting research, 44 (5): 815 – 848.

CHENG Q, LUO T, YUE H, 2013. Managerial incentives and management forecast precision[J]. The accounting review, 88 (5): 1575 – 1602.

CHIZEMA A, LIU X, LU J, et al, 2015. Politically connected boards and top executive pay in Chinese listed firms [J]. Strategic management journal, 36 (6): 890 – 906.

COFF R W, LEE P M, 2003. Insider trading as a vehicle to appropriate rent from R&D [J]. Strategic management journal, 24 (2): 183 –190.

COHEN L, MALLOY C, POMORSKI L, 2012. Decoding inside information[J]. The journal of finance, 67 (3): 1009 – 1043.

CRUCES J, KAWAMURA E, 2005. Is lunch free for Gordon Gekko? analyzing insider trading and corporate governance in Latin America [EB/OL] [2016 – 03 – 16] . http: //www. cass. city. ac. uk/_data/assets/pdf_file/0005/78755/7CrucesandKawamura. pdf.

DENIS D J, XU J, 2013. Insider trading restrictions and top executive compensation[J]. Journal of accounting and economics, 56 (1): 91 -112.

DU J, WEI S J, 2004. Does insider trading raise market volatility? [J]. The economic journal, 114 (498): 916 - 942.

DYMKE B M, WALTER A, 2008. Insider trading in Germany: do corporate insiders exploit inside information? [J]. Business research, 1 (2): 188 - 205.

ENGELEN P, 2012. What is the reputational cost of a dishonest CEO? evidence from US illegal insider trading [J]. CESifo economic studies, 58 (1): 140 - 163.

ERTIMUR Y, FERRI F, MABER D A, 2012. Reputation penalties for poor monitoring of executive pay: evidence from option backdating [J]. Journal of financial economics, 104 (1): 118 - 144.

FAMA E F, JENSEN M C, 1983. Separation of ownership and control [J]. The journal of law & economics, 26 (2): 301 - 325.

FAURE - GRIMAUD A, GROMB D, 2004. Public trading and private incentives[J]. Review of financial Studies, 17 (4): 985 - 1014.

FERNANDES N, FERREIRA M A, 2009. Insider trading laws and stock price informativeness[J]. Review of financial studies, 22 (5): 1845 - 1887.

FIDRMUC J P, GOERGEN M, RENNEBOOG L, 2006. Insider trading, news releases, and ownership concentration [J]. The journal of finance, 61 (6): 2931 - 2973.

FISHE R P, ROBE M A, 2004. The impact of illegal insider trading in dealer and specialist markets: evidence from a natural experiment [J]. Journal of financial economics, 71 (3): 461 - 488.

GAO F, LISIC L L, ZHANG I X, 2014. Commitment to social good and insider trading[J]. Journal of accounting and economics, 57 (2):

149 – 175.

GIVOLY DAN, PALMON DAN, 1982. Timeliness of annual earnings announcements: some empirical evidence [J]. The accounting review, 57 （3）: 486 – 508.

GLOSTEN L R, MILGROM P R, 1985. Bid, ask and transaction prices in a specialist market with heterogeneously informed traders [J]. Journal of financial economics, 14 （1）: 71 – 100.

GOMBOLA M J, LEE H W, LIU F Y, 1999. Further evidence on insider selling prior to seasoned equity offering announcements: the role of growth opportunities [J]. Journal of business finance & accounting, 26 （56）: 621 – 649.

GOPALAN R, JAYARAMAN S, 2012. Private control benefits and earnings management: evidence from insider controlled firms [J]. Journal of accounting research, 50 （1）: 117 – 157.

GOPALAN R, MILBOURN T, SONG F, et al. , 2014. Duration of executive compensation [J]. The journal of finance, 69 （6）: 2777 –2817.

GOSNELL T, KEOWN A J, PINKERTON J M, 1992. Bankruptcy and insider trading: differences between exchange – listed and OTC firms [J]. The journal of finance, 47 （1）: 349 – 362.

GREEN T C, JAME R, MARKOV S, et al. , 2014. Access to management and the informativeness of analyst research [J]. Journal of financial economics, 114 （2）: 239 – 255.

GREGORY A, MATATKO J, TONKS I, 2010. Detecting information from directors' trades: signal definition and variable size effects [J]. Journal of business finance & accounting, 24 （3）: 309 –342.

HAMBRICK D C, MASON P A, 1984. Upper echelons: the organization as a reflection of its top managers [J]. Academy of management review, 9 (2): 193 - 206.

HASAN I, WACHTEL P, ZHOU M, 2009. Institutional development, financial deepening and economic growth: evidence from China [J]. Journal of banking & finance, 33 (1): 157 - 170.

HELM S, 2013. A matter of reputation and pride: associations between perceived external reputation, pride in membership, job satisfaction and turnover intentions [J]. British journal of management, 24 (4): 542 - 556.

HIBBS D A, Jr, LOCKING H, 2000. Wage dispersion and productive efficiency: evidence for Sweden [J]. Journal of labor economics, 18 (4): 755 - 782.

HILLIER D, KORCZAK A, KORCZAK P, 2015. The impact of personal attributes on corporate insider trading [J]. Journal of corporate finance, 30: 150 - 167.

HIRSCHEY M, ZAIMA J K, 1989. Insider trading, ownership structure, and the market assessment of corporate sell-offs [J]. The journal of finance, 44 (4): 971 - 980.

HUDDART S, KE B, 2007a. Information asymmetry and cross-sectional variation in insider trading [J]. Contemporary accounting research, 24 (1): 195 - 232.

HUDDART S, KE B, SHI C, 2007b. Jeopardy, non-public information, and insider trading around SEC 10-K and 10-Q filings [J]. Journal of accounting and economics, 43 (1): 3 - 36.

HUNG M, TREZEVANT R, 2003. Insider trading and corporate governance structure: evidence from Southeast Asia [EB/OL] [2016 -03 - 05]. https: //ssrn. com/abstract = 374422.

JAGGI B, TSUI J, 2007. Insider trading, earnings management and corporate governance: empirical evidence based on Hong Kong firms

[J]. Journal of international financial management & accounting, 18（3）: 192 − 222.

JAGOLINZER A D, 2009. SEC rule 10b5-1 and insiders' strategic trade[J]. Management science, 55（2）: 224 − 239.

JAYARAMAN S, 2012. The effect of enforcement on timely loss recognition: evidence from insider trading laws[J]. Journal of accounting and economics, 53（1）: 77 − 97.

JENSEN M C, MECKLING W H, 1976. Theory of the firm: managerial behavior, agency costs and ownership structure[J]. Journal of financial economics, 3（4）: 305 − 360.

JOHN K, MISHRA B, 1990. Information content of insider trading around corporate announcements: the case of capital expenditures [J]. The journal of finance, 45（3）: 835 − 855.

JOHNSON M F, KASZNIK R, NELSON K K, 2000. Shareholder wealth effects of the private securities litigation reform act of 1995 [J]. Review of accounting studies, 5（3）: 217 − 233.

KALLUNKI J, NILSSON H, HELLSTRÖM J, 2009. Why do insiders trade? evidence based on unique data on Swedish insiders[J]. Journal of accounting and economics, 48（1）: 37 − 53.

KAPLAN S E, SAMUELS J A, COHEN J, 2015. An examination of the effect of CEO social ties and CEO reputation on nonprofessional investors' say-on-pay judgments[J]. Journal of business ethics, 126 （1）: 103 − 117.

KARPOFF J M, LOU X, 2010. Short sellers and financial misconduct[J]. The journal of finance, 65（5）: 1879 − 1913.

KYLE A S, 1985. Continuous auctions and insider trading[J]. Econometrica: journal of the econometric society, 53（6）: 1315 −1335.

LENKEY S L, 2014. Advance disclosure of insider trading [J]. Review of financial studies, 27 (8): 2504 - 2537.

LEONARD J S, 1990. Executive pay and firm performance [J]. Industrial & labor relations review, 43 (3): 13 - 29.

LIN Y, YEH Y M C, SHIH Y, 2013. Tournament theory's perspective of executive pay gaps[J]. Journal of business research, 66 (5): 585 -592.

LIU C, AHARONY J, RICHARDSON G, et al. , 2016. Corporate litigation and changes in CEO reputation: guidance from US Federal Court lawsuits[J]. Journal of contemporary accounting & economics, 12 (1): 15 - 34.

MANNE H G, 1966. Insider trading and the stock market [M] . New York: Free Press.

MARIN J M, OLIVIER J P, 2008. The dog that did not bark: insider trading and crashes[J]. The journal of finance, 63 (5): 2429 -2476.

MAUG E, 2002. Insider trading legislation and corporate governance [J]. European economic review, 46 (9): 1569 - 1597.

MEULBROEK L K, 1992. An empirical analysis of illegal insider trading[J]. The journal of finance, 47 (5): 1661 - 1699.

MILBOURN T T, 2003. CEO reputation and stock-based compensation [J]. Journal of financial economics, 68 (2): 233 -262.

MURPHY K J, 1985. Corporate performance and managerial remuneration: an empirical analysis[J]. Journal of accounting and economics, 7 (1): 11 -42.

MUSTAPHA M, CHE AHMAD A, 2013. Blockholders and corporate monitoring costs: evidence from Malaysia[J]. International journal of economics and management, 7 (1): 28 - 44.

MYERS S C, MAJLUF N S, 1984. Corporate financing and investment decisions when firms have information that investors do not have [J].

Journal of financial economics, 13 (2): 187－221.

NOE C F, 1999. Voluntary disclosures and insider transactions[J]. Journal of accounting and economics, 27 (3): 305－326.

PARK S, JANG H J, LOEB M P, 1995. Insider trading activity surrounding annual earnings announcements [J]. Journal of business finance & accounting, 22 (4): 587－614.

PENMAN S H, 1982. Insider trading and the dissemination of firms' forecast information[J]. Journal of business, 55 (4): 479－503.

PEPPER A, GORE J, 2015. Behavioral agency theory: new foundations for theorizing about executive compensation [J]. Journal of management, 41 (4): 1045－1068.

PIOTROSKI J D, ROULSTONE D T, 2005. Do insider trades reflect both contrarian beliefs and superior knowledge about future cash flow realizations? [J]. Journal of accounting and economics, 39 (1): 55－81.

POPE P F, MORRIS R C, PEEL D A, 1990. Insider trading: some evidence on market efficiency and directors' share dealings in Great Britain[J]. Journal of business finance & accounting, 17 (3): 359－380.

RAMNATH S, ROCK S, SHANE P, 2008. The financial analyst forecasting literature: a taxonomy with suggestions for further research[J]. International journal of forecasting, 24 (1): 34－75.

RAVINA E, SAPIENZA P, 2010. What do independent directors know? evidence from their trading[J]. Review of financial studies, 23 (3): 962－1003.

RICHARDSON S, TEOH S H, WYSOCKI P D, 2004. The walk-down to beatable analyst forecasts: the role of equity issuance and insider trading incentives[J]. Contemporary accounting research, 21 (4):

885－924.

ROZEFF M S, ZAMAN M A, 1998. Overreaction and insider trading: evidence from growth and value portfolios[J]. The journal of finance, 53（2）: 701－716.

RYAN S G, TUCKER J W, ZHOU Y, 2015. Securitization and insider trading[J]. The accounting review, 91（2）: 649－675.

SCHWARTZ R A, 2001. The electronic call auction: market mechanism and trading［M］. Boston: Springer.

SEYHUN H N, 1986. Insiders' profits, costs of trading, and market efficiency［J］. Journal of financial economics, 16（2）: 189－212.

SEYHUN H N, 1990. Do bidder managers knowingly pay too much for target firms?［J］. Journal of business, 63（4）: 439－464.

SIVAKUMAR K, WAYMIRE G, 1994. Insider trading following material news events: evidence from earnings［J］. Financial management, 23（1）: 23－32.

SKAIFE H A, VEENMAN D, WANGERIN D, 2013. Internal control over financial reporting and managerial rent extraction: evidence from the profitability of insider trading[J]. Journal of accounting and economics, 55（1）: 91－110.

VEENMAN D, 2011. Disclosures of insider purchases and the valuation implications of past earnings signals[J]. The accounting review, 87（1）: 313－342.

YU F F, 2008. Analyst coverage and earnings management［J］. Journal of financial economics, 88（2）: 245－271.

步丹璐，蔡春，叶建明，2010. 高管薪酬公平性问题研究：基于综合理论分析的量化方法思考[J]. 会计研究（5）: 39－46.

陈冬华，陈信元，万华林，2005. 国有企业中的薪酬管制与在职消费[J]. 经济研究 （2）：92－101.

陈冬华，梁上坤，蒋德权，2010. 不同市场化进程下高管激励契约的成本与选择：货币薪酬与在职消费[J]. 会计研究 （11）：56－64.

陈辉，汪前元，2013. 信息传递、逆向选择与信息效率：对我国证券分析师作用的实证考察[J]. 中南财经政法大学学报 （3）：107－114.

陈作华，2015. 内部控制质量与内部人寻租：基于内部人交易视角的经验证据[J]. 证券市场导报 （5）：25－32.

郭雪萌，许婴鹏，2016. 薪酬差距能否激励高管：基于高管交易行为的经验研究［J］. 国际商务 （对外经济贸易大学学报）（5）：150－160.

何青，2012. 内部人交易与股票市场回报：来自中国市场的证据［J］. 经济理论与经济管理 （2）：61－70.

洪登永，俞红海，2009. 高管交易行为、信息不对称与公司治理［J］. 财经论丛与实践，30 （5）：37－42.

黄丽霞，2010. 高管团队内薪酬差距与业绩间关系研究[J]. 人口与经济 （1）：49－50.

黎文靖，胡玉明，2012. 国企内部薪酬差距激励了谁？[J]. 经济研究 （12）：125－136.

黎文靖，岑永嗣，胡玉明，2014. 外部薪酬差距激励了高管吗：基于中国上市公司经理人市场与产权性质的经验研究[J]. 南开管理评论，17 （4）：24－35.

李玲，2006. 管理层薪酬和持股激励效应的行业性差异分析：来自我国上市公司的实证证据[J]. 中央财经大学学报 （4）：81－86.

李万福，林斌，宋璐，2011. 内部控制在公司投资中的角色：效率促进还是抑制？［J］. 管理世界 （2）：81－99.

李维安，李慧聪，郝臣，2013. 高管减持与公司治理对创业板公司成长的影响机制研究[J]. 管理科学, 26 (4): 1 - 12.

李新春, 2003. 经理人市场失灵与家族企业治理[J]. 管理世界 (4): 87 - 95.

李增泉, 2000. 激励机制与企业绩效: 一项基于上市公司的实证研究[J]. 会计研究 (1): 24.

林浚清, 黄祖辉, 孙永祥, 2003. 高管团队内薪酬差距、公司绩效和治理结构[J]. 经济研究, (4): 31 - 40, 92.

林木西, 2014. 从社会分工制度创新到产业组织结构转型升级: 《分工演进、组织创新与经济进步》评介[J]. 经济学动态 (3): 156 - 158.

刘春, 孙亮, 2010. 薪酬差距与企业绩效: 来自国企上市公司的经验证据[J]. 南开管理评论 (2): 30 - 39.

刘金星, 宋理升, 2015. 内部人交易信息披露及时性的实证研究 [J]. 山西财经大学学报 (1): 70 - 80.

刘绍娓, 万大艳, 2013. 高管薪酬与公司绩效: 国有与非国有上市公司的实证比较研究[J], 中国软科学 (2): 90 - 101.

刘小波, 2008. 高管团队内薪酬差距对企业绩效影响的分析模式 [J]. 北方工业大学学报, 20 (2): 13 - 16.

刘小刚, 2010. 高管内部薪酬差距对公司绩效影响的实证研究[J]. 中国管理信息化, 13 (23): 13 - 15.

刘晓峰, 2013. 内幕交易监管效率与上市公司高管薪酬: 一个理论模型[J]. 经济学, 12 (1): 265 - 286.

卢锐, 魏明海, 黎文靖, 2008. 管理层权力、在职消费与产权效率: 来自中国上市公司的证据[J]. 南开管理评论 (5): 85 - 92, 112.

鲁海帆, 2010. 高管层内薪酬差距、CEO 内部继任机会与公司业绩研究: 基于锦标赛理论的实证分析[J]. 南方经济 (5): 23 - 33.

罗宏, 曾永良, 宛玲羽, 2016. 薪酬攀比、盈余管理与高管薪酬操纵[J]. 南开管理评论（2）：19－31.

缪毅，胡奕明，2016. 内部收入差距、辩护动机与高管薪酬辩护
　　[J]. 南开管理评论（2）：32－41.

沈艺峰，2010. 媒体的公司治理作用：中国的经验证据[J]. 经济
　　研究（4）：14－27.

盛明泉，车鑫，2016. 管理层权力、高管薪酬与公司绩效[J]. 中
　　央财经大学学报（5）：97－104.

宋剑，2008. 中国经理薪酬增长公正性评价分析［D］. 南京：南
　　京财经大学.

孙静，2004. 论薪酬的公平性问题[J]. 当代经济（8）：39－40.

王浩，黄小玲，2010. 上市公司高管团队长期薪酬差距与公司绩
　　效关系研究[J]. 科技进步与对策，27（13）：146－149.

王永乐，吴继忠，2010. 中华文化背景下薪酬差距对我国企业绩
　　效的影响：兼对锦标赛理论和行为理论适用对象的确认[J]. 当
　　代财经（9）：59－64.

魏刚，2000. 高级管理层激励与上市公司经营绩效[J]. 经济研
　　究，3（12）：32－39.

吴联生，林景艺，王亚平，2010. 薪酬外部公平性、股权性质与
　　公司业绩[J]. 管理世界（3）：117－126.

吴育辉，吴世农，2010. 高管薪酬：激励还是自利？［J］. 会计研
　　究（11）：40－48.

吴战篪，李晓龙，2015. 内部人抛售、信息环境与股价崩盘[J].
　　会计研究（6）：48－55.

肖浩，2015. 公司财务信息透明度、内部人交易和股价特质性波
　　动[J]. 中央财经大学学报（11）：62－74.

谢德仁，2002. 企业的性质：要素使用权交易合约之履行过程[J]. 经
　　济研究（4）：84－91.

徐细雄，谭瑾，2014. 高管薪酬契约、参照点效应及其治理效果：

基于行为经济学的理论解释与经验证据[J]. 南开管理评论
(4)：36－45.

伊志宏，姜付秀，秦义虎，2010. 产品市场竞争、公司治理与信
息披露质量[J]. 管理世界（1）：133－141.

俞震，冯巧根，2010. 薪酬差距：对公司盈余管理与经营绩效的
影响[J]. 学海（1）：118－123.

曾庆生，2008. 公司内部人具有交易时机的选择能力吗?：来自中国上
市公司内部人卖出股票的证据[J]. 金融研究（10）：117－135.

曾庆生，2011. 上市公司内部人交易披露延迟及其经济后果研究：来
自上海股票市场的经验证据[J]. 财经研究，37（2）：72－82.

曾庆生，2014. 高管及其亲属买卖公司股票时"浑水摸鱼"了?：
基于信息透明度对内部人交易信息含量的影响研究[J]. 财经研
究（12）：15－26.

曾庆生，张耀中，2012. 信息不对称、交易窗口与上市公司内部
人交易回报[J]. 金融研究（12）：151－164.

曾亚敏，张俊生，2009. 上市公司高管违规短线交易行为研究[J]. 金
融研究（11）：143－157.

张俊瑞，赵进文，张建，2003. 高级管理层激励与上市公司经营
绩效相关性的实证分析[J]. 会计研究（9）：29－34.

张俊生，曾亚敏，2011. 上市公司内部人亲属股票交易行为研究
[J]. 金融研究（3）：121－133.

张正堂，2003. 中国上市公司总经理报酬影响因素的实证研究[J]. 中
国矿业大学学报，32（5）：517－523.

张正堂，2007. 高层管理团队协作需要、薪酬差距和企业绩效：
竞赛理论的视角[J]. 南开管理评论（2）：4－11.

张正堂，2008. 企业内部薪酬差距对组织未来绩效影响的实证研
究[J]. 会计研究（9）：81－87.

章永奎，冯文滔，杜兴强，2013. 政治联系、薪酬差距与薪酬粘

性：基于民营上市公司的经验证据[J]. 投资研究，32（6）：127－143.

周冬华，赵玉洁，2015a. 内部人交易会提高上市公司融资约束程度吗[J]. 山西财经大学学报，37（1）：92－102.

周冬华，康华，赵玉洁，2015b. 内部人交易与持续经营审计意见：来自财务困境类上市公司的经验证据[J]. 审计研究（2）：97－105.

朱茶芬，姚铮，李志文，2011. 高管交易能预测未来股票收益吗?[J]. 管理世界（9）：141－152.

朱德胜，岳丽君，2004. 管理者薪酬与企业绩效的相关性研究[J]. 山东财政学院学报（6）：45－49.

朱启明，佘虹志，2006. 对上市公司高管团队薪酬公平性的研究[J]. 广东商学院学报（4）：19－24.

祝运海，2011. 内部人交易对股票流动性影响实证研究[J]. 重庆大学学报（社会科学版）（2）：66－72.